乌兰察布市博物馆馆藏文物精品集萃

◎ 乌兰察布市博物馆 编

文物出版社

**图书在版编目（ＣＩＰ）数据**

乌兰察布市博物馆馆藏文物精品集萃 / 乌兰察布市
博物馆编. —— 北京：文物出版社，2018.11
　　ISBN 978-7-5010-5771-9

　　Ⅰ. ①乌… Ⅱ. ①乌… Ⅲ. ①博物馆－历史文物－介
绍－乌兰察布市 Ⅳ. ①K872.263

　　中国版本图书馆CIP数据核字（2018）第232461号

## 乌兰察布市博物馆馆藏文物精品集萃

编　　者：乌兰察布市博物馆

责任编辑：李　飈
文物摄影：刘小放　刘艳农
责任印制：陈　杰
责任校对：李　薇

出版发行：文物出版社
社　　址：北京市东直门内北小街2号楼
网　　址：http://www.wenwu.com
邮　　箱：web@wenwu.com
经　　销：新华书店
制版印刷：天津图文方嘉印刷有限公司
开　　本：889mm×1194mm　1/16
印　　张：19.5
版　　次：2018年11月第1版
印　　次：2018年11月第1次印刷
书　　号：ISBN 978-7-5010-5771-9
定　　价：360.00元

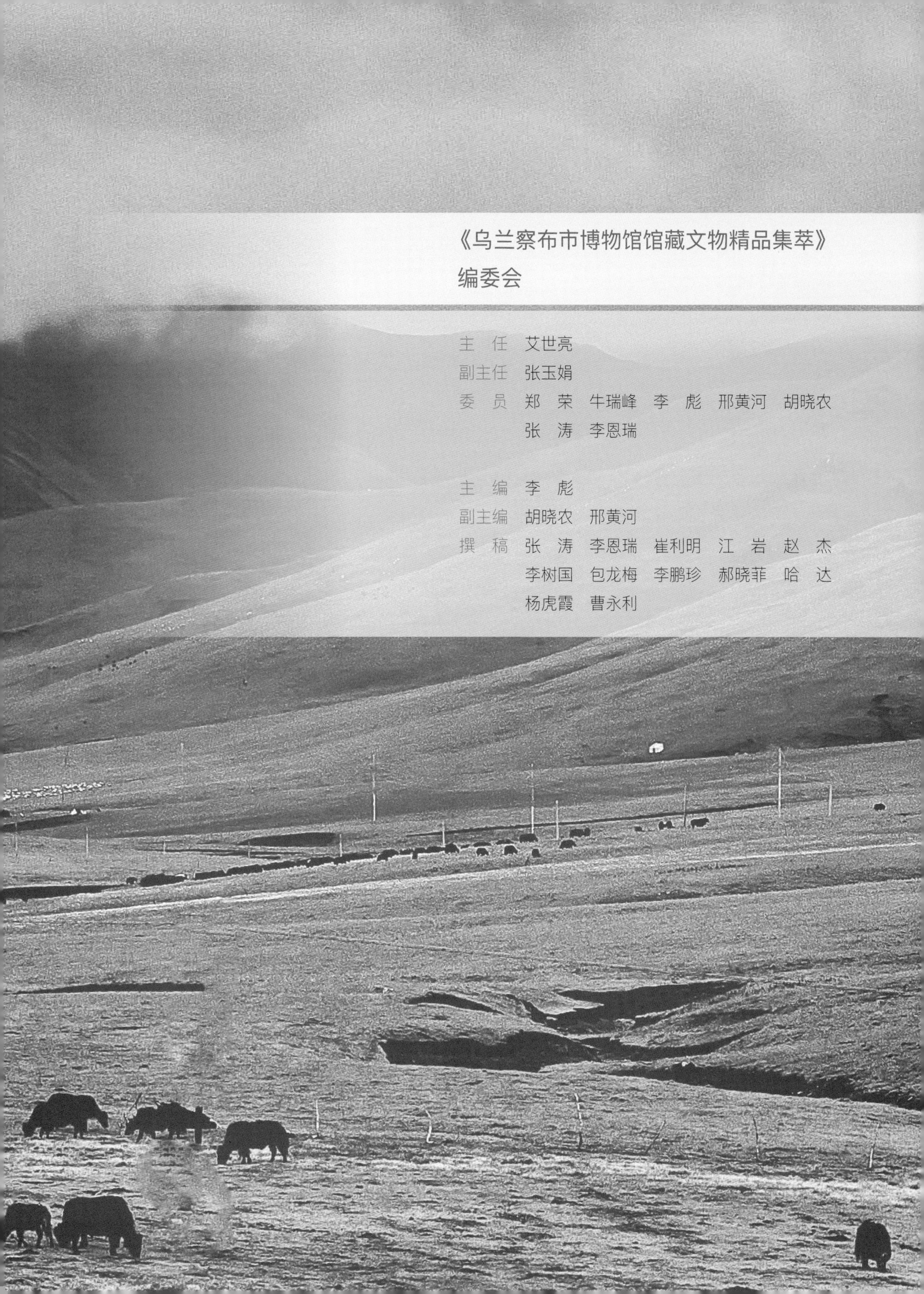

## 《乌兰察布市博物馆馆藏文物精品集萃》编委会

# 序

文物承载灿烂文明，文物延续民族血脉。党的十八大以来，习近平总书记就坚定文化自信、加强文物保护、传承优秀传统文化发表了一系列重要论述，并提出"两个一百年"的奋斗目标和实现中华民族伟大复兴"中国梦"的战略构想。

地处中国北方长城地带中段的乌兰察布市，作为草原丝绸之路走廊的节点枢纽地带，历史文化悠久，地域特色鲜明，不同时代地下古文化遗存及出土文物十分丰富。目前，乌兰察布市有国家级重点文物保护单位7处，自治区级重点文物保护单位35处，市级重点文物保护单位44处，可移动文物6万余件（套）。长城是世界上体量最大的线性文化遗产，乌兰察布市因其拥有时代跨度最广、总里程数最长的长城而在自治区声名显赫；造型写实、技艺精湛的鲜卑民族文物更是别具一格……如何切实有效利用好这些文物资源，将文物资源转化为地区发展优势，是每一位文博工作者的重要使命，同时也关系着"一带一路"发展倡议和人文交流的实现。

内蒙古自治区成立70年以来，乌兰察布的经济、文化、社会等方面得到了历史性的发展。同时，乌兰察布市的文物事业得到了长足的发展，尤其是20世纪80年代以来，乌兰察布市的文博工作条件大为改善，人员队伍迅速扩大，业务素质得到有效提升。配合、参与、主持了多项内蒙古自治区田野考古发掘项目，获取了丰富的实物资料，取得了较为重要的研究成果。在学术价值及社会价值方面均产生了较大影响的有化德县裕民遗址，凉城县环岱海新石器时代遗址及东周墓地，察哈尔右翼前旗庙子沟与大坝沟遗址、豪欠营辽墓、集宁路古城遗址及元代墓葬，察哈尔右翼中旗七郎山鲜卑墓葬，察哈尔右翼后旗三道湾鲜卑墓葬等。以上遗存为构建内蒙古中南部考古学文化谱系，研究草原文化内涵提供了极为重要的考古研究资料。其中元代集宁路古城遗址被评为"2003年度全国十大考古新发现"，化德县裕民遗址入围"中国社会科学院考古学论坛·2016年中国考古新发现"。

历史文化的传承需要相关学科知识的普及，文物展示也需要适应时代要求，不断创新，树立"以人为本"的理念，服务于大众，在这方面，乌兰察布市博物馆勇于探索、大力实践，付出了艰苦的努力。结合专业与大众的视角，加以新颖的展陈形式，将乌兰察布独具特色的人文历史展示予观众；同时加强馆际合作与交流、引进与展出精品展览、开展青少年教育活动，举办文博讲坛等，乌兰察布市博物馆先后被授予自治区级社会科学普及基地和全国社会科学普及基地。作为新建馆，在如此短的时间内能够取得这般业绩令人敬慕，我为此感到骄傲。

由乌兰察布市博物馆同仁们精心组织、编写的《乌兰察布市博物馆馆藏文物精品集萃》即将付梓出版了，这是乌兰察布市文博建设中的一件大事，可喜可贺。我对为本书出版而付出辛勤努力的各位同志表示深深的敬意，对该书的编辑出版表示祝贺！

文物是历史的载体，是珍贵的宝藏。让收藏在禁宫里的文物、陈列在广阔大地上的遗产、书写在古籍里的文字都"活起来"，为人民、社会做出积极的贡献，谱写新的篇章。希望乌兰察布市博物馆在市委、市政府的正确领导和支持下，在所有同仁的共同努力下，在社会各界人士的相助下，继续讲好乌兰察布故事，传播好乌兰察布声音，取得更加辉煌的成绩！

塔拉

2018 年 6 月

# 目录

## 肆 瓷器

## 伍 金银器

# 前言

　　有着"中国薯都、风电之都、草原皮都、神舟家园、中国草原避暑之都"美称的乌兰察布市，地处祖国正北方，内蒙古自治区中部，位于京津冀、环渤海、呼包银榆三大经济圈结合处，东邻张家口、南连大同、西接呼和浩特、北延蒙古国，是进入东北、华北、西北三大经济圈和亚欧经济带的枢纽城市。全市辖 11 个旗县市区，总面积 5.45 万平方公里，总人口 287 万，是一个以蒙古族为主体、汉族居多数的少数民族地区。境内地貌特征自北向南由蒙古高原、乌兰察布丘陵、阴山山脉、黄土丘陵四部分组成。由于阴山山脉的支脉灰腾梁横亘中部，使得南北部的自然生态环境存在较大差异，形成了农耕经济和畜牧经济相互交错的格局。在几千年的漫长历史演进中，代表农耕经济的中原文明与游牧经济的草原文明在这里碰撞、交融，中原华夏民族和北方游牧民族在这里杂居、融合、迁徙，形成了乌兰察布历史文化内涵的复杂性和多元性，同时也是中华文明不可或缺的重要组成部分。勤劳智慧的乌兰察布人民在这块古老而神奇的土地上世代耕耘，书写出了家乡文明史上的不朽篇章，为后人留下了丰富而珍贵的历史文化遗产。

　　乌兰察布市博物馆，是乌兰察布市唯一的市属综合性公立博物馆。前身为乌兰察布盟文物工作站，始建于 1958 年，2012 年被中国博物馆协会、国家文物局评定为国家三级博物馆。该馆具有文物收藏、展览陈列、学术研究等基本功能。

　　乌兰察布市博物馆新馆于 2014 年 10 月正式开馆以后，在市委、市政府的关怀和社会各界的支持下，在文物收藏方面，数量与质量都有了很大的发展和提高。目前我馆馆藏文物约 3 万余件（套），既有反映本区域历史的古代文物，也有见证相关城市发展的实物资料，还广泛收藏了具有很高价值的艺术品。馆藏文物主要来自考古发掘、调拨和征集三种渠道，考古发掘占据主要地位，集中了乌兰察布市历年来的文物考古成果，文物均有确切的出土地点和年代；征集也占有十分重要的地位，有力地丰富了馆藏。

　　馆藏史前时期文物，既有距今几十万年的古生物化石，也有反映人类文明曙光的新石器时代遗物。馆藏文物以凉城县环岱海新石器时代遗址群，察哈尔右翼前旗庙子沟、大坝沟等遗址出土的文物为代表，收藏的文物基本涵盖了内蒙古中南部新石器时代考古学文化（类型）较为代表性的文物，典型器物有火种炉、小口尖底瓶、小口双耳罐、偏口壶、斝、鬲、卜骨等。以上器物反映了乌兰察布地区史前的自然环境与文化面貌，包含了远古先民的生产、生活状况，文化渊源及原始宗教活动。

夏代文物馆藏较少，主要有三足瓮、花边鬲、双鋬罐、大口尊、石钺等生产生活实用器物，佐证了乌兰察布地区自史前以来，在自然和人文环境的变迁下，农业和畜牧业共存发展现象以及早期游牧业萌芽阶段的发生过程。

春秋战国时期文物主要是凉城县岱海地区的墓地出土物，以生活用具为大宗，装饰品为辅。青铜动物纹饰牌、青铜刀、青铜剑、青铜马珂等，具有鲜明的匈奴族特征，属我国北方青铜文化系列，而大量赵国布币以及中原式青铜带钩的出土，反映出赵国的疆土已扩展到该地区。

两汉至北朝时期文物，绝大部分为鲜卑部落西进南迁过程中在乌兰察布地区遗留下来的金银器及具有自身特色的陶器等生产、生活用具，涵盖生产、生活、宗教艺术各个方面，典型的文物有三鹿纹金饰牌、四兽纹金饰牌、金步摇等。

辽、金、元时期文物，以察哈尔右翼前旗豪欠营墓地考古发掘出土物与集宁路古城遗址出土的瓷器为主，此外，馆藏辽金元铜镜也占有较大比例。辽金元文物从经济、文化等方面，见证了该时期乌兰察布地区再次繁荣的史实。

馆藏明清及近现代文物以反映发生在乌兰察布这块古老土地上的重要历史事件及有关城市发展的影像资料和照片资料占多数，如红格尔图战役影像资料、隆盛庄商贸重镇照片资料等。

本书收录的藏品，是从我馆馆藏文物中精选出来的，其中多为古代出土文物，为方便读者了解这些文物的珍贵价值，窥斑知豹，现摘其要者作简要说明。

在陶器类藏品中，火种炉，出土于凉城县板城遗址，设计科学、数量稀少，具有保存火种、取暖等功能，是内蒙古中南部仰韶时期最能代表地域特色的典型器物。

青铜器藏品从战国至金元时期，均有选入。收录的几枚铜印，是金元政权在本地区制辖的注脚，历史价值不言而喻，为研究本地区的历史沿革提供了许多有价值的信息。

瓷器类藏品中，与豪欠营辽墓千年契丹女尸同时出土的辽代瓜棱腹瓷注，莹润似玉、玲珑剔透，是"辽白瓷"中的上等之作，具有很高的历史价值与艺术价值。

集宁路古城遗址出土的瓷器，中原、南方的各主要窑系基本收录，代表了当时中国制瓷业的发展水平，每一件器物都十分精美。青花高足杯是元代最具时代特色的产品之一，该器物可能为北方草原地带的特制产品，数量稀少、弥足珍贵。蟾形砚滴，可以说是稀世珍品，蕴含着"蟾宫折桂"的美好愿望，祝福主人金榜题名、登科及第、长寿吉祥，为研究中国历史传统文化在乌兰察布地区的传播提供了佐证。

该书收录的金银器，不乏精品。虎衔鹰金饰牌是匈奴部落首领的腰间饰品，以其先进的铸造工艺、繁缛精美的纹饰、写实性的装饰技法从众多文物中脱颖而出，称得上是镇馆之宝。20世纪60年代在内蒙古凉城县小坝子滩出土的"晋鲜卑归义侯"金印、"晋乌丸归义侯"金印、"晋鲜卑率善中郎将"银印，是拓跋鲜卑、乌丸与西晋中原政权保持友好关系的有力证明，具有很高的历史价值。步摇冠，为本馆的镇馆之宝，不仅是鲜卑贵族传统的头饰，更重要的是寄托一种信仰，对于研究鲜卑民族审美取向具有十分重要的意义。

杂项类中，征集有乘骑牌以及察哈尔妇女头饰、蒙古刀等蒙古族文物，特别是完整成套的头饰，是清代蒙古察哈尔部头饰艺术的形象资料，彰显了乌兰察布地域的文化风采。

文物是一定历史时期人类社会活动的产物，具有时代特点，一切文物都具有历史价值。不同类别的文物，从不同的侧面分别反映了当时社会的生产力、生产关系以及社会生活和自然环境的状况。我们相信，当您通览全书后，定将为之兴奋鼓舞，既会为中华远古先民伟大的艺术创作力所折服，为乌兰察布市博物馆拥有如此丰富的馆藏文物感到骄傲与自豪；同时也会激发我们热爱家乡、热爱祖国的赤诚情怀！

乌兰察布市博物馆

图　版

# 壹 石器

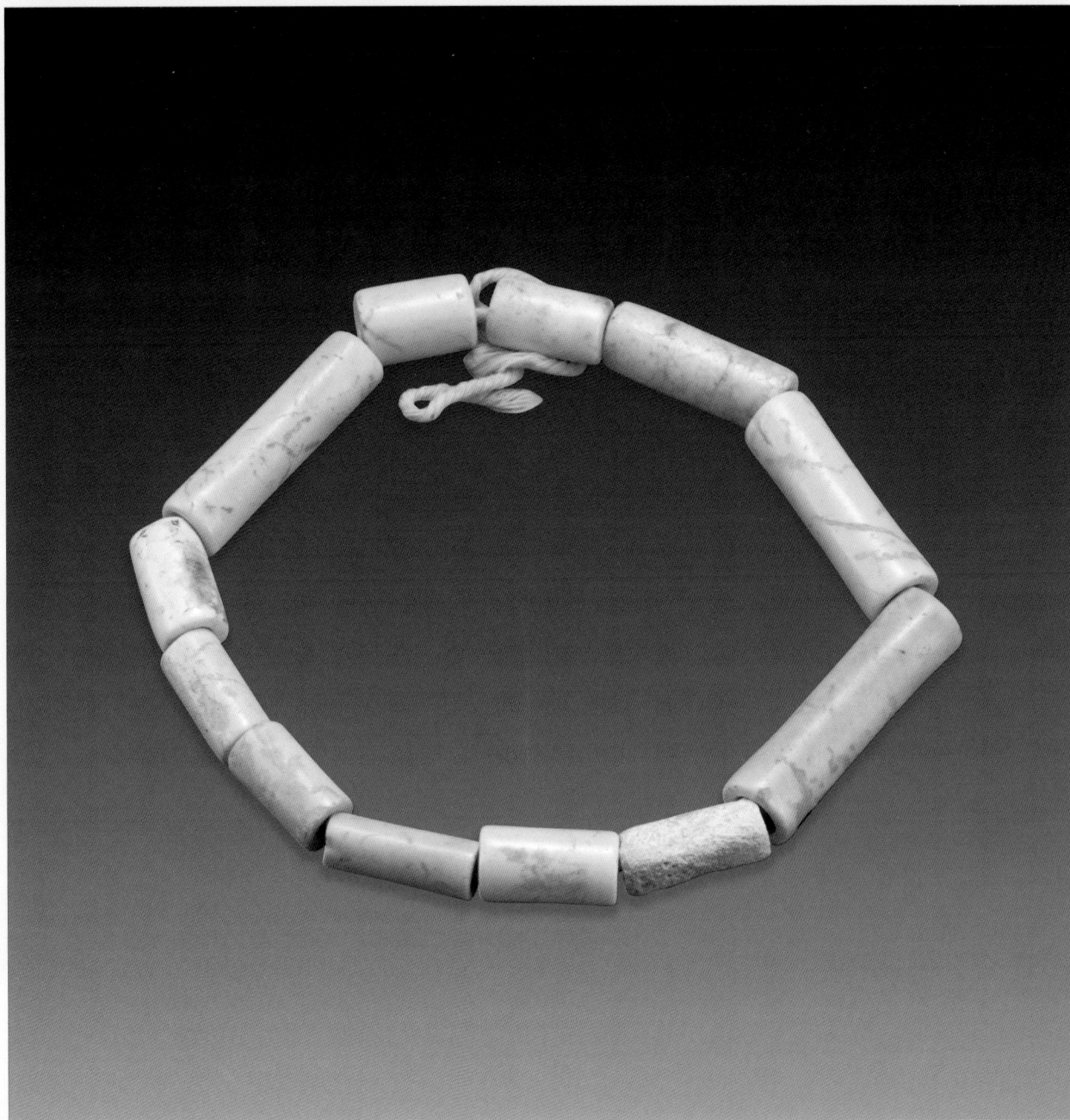

**管状串饰**

*新石器时代·仰韶文化*

通长 25 厘米

内蒙古自治区乌兰察布市察哈尔右翼前旗庙子沟遗址出土

石质。串饰由 12 件长短不一的圆形管状饰件组成，石质较硬，呈白色，磨制。

**石钺**

夏代

长 23、宽 19.5、厚 1.2 厘米；孔径 1.8 厘米

内蒙古自治区乌兰察布市丰镇市三义泉乡出土

灰褐色砂岩。上部平整，两侧外撇。弧刃，片状，器身上部有一对钻孔。

## "北极驱邪院印"石印

金元时期

通高 3.9、边长 7.8、厚 1.8 厘米

内蒙古自治区乌兰察布市征集

汉白玉质地。印面呈正方形，长方体直纽，印面阳刻九叠文"北极驱邪院印"六字，为一方道教观院之印。

**石香炉**

元代

通高16.6、口径10.6、腹径15.1厘米

内蒙古自治区乌兰察布市察哈尔右翼前旗集宁路古城遗址出土

土黄色泥质岩。直口，束颈，鼓腹，三足，施对称长方形直耳。器身浮雕纹样，颈部有一周团花，腹部为祥云二龙戏珠图案，足部刻狮面纹。

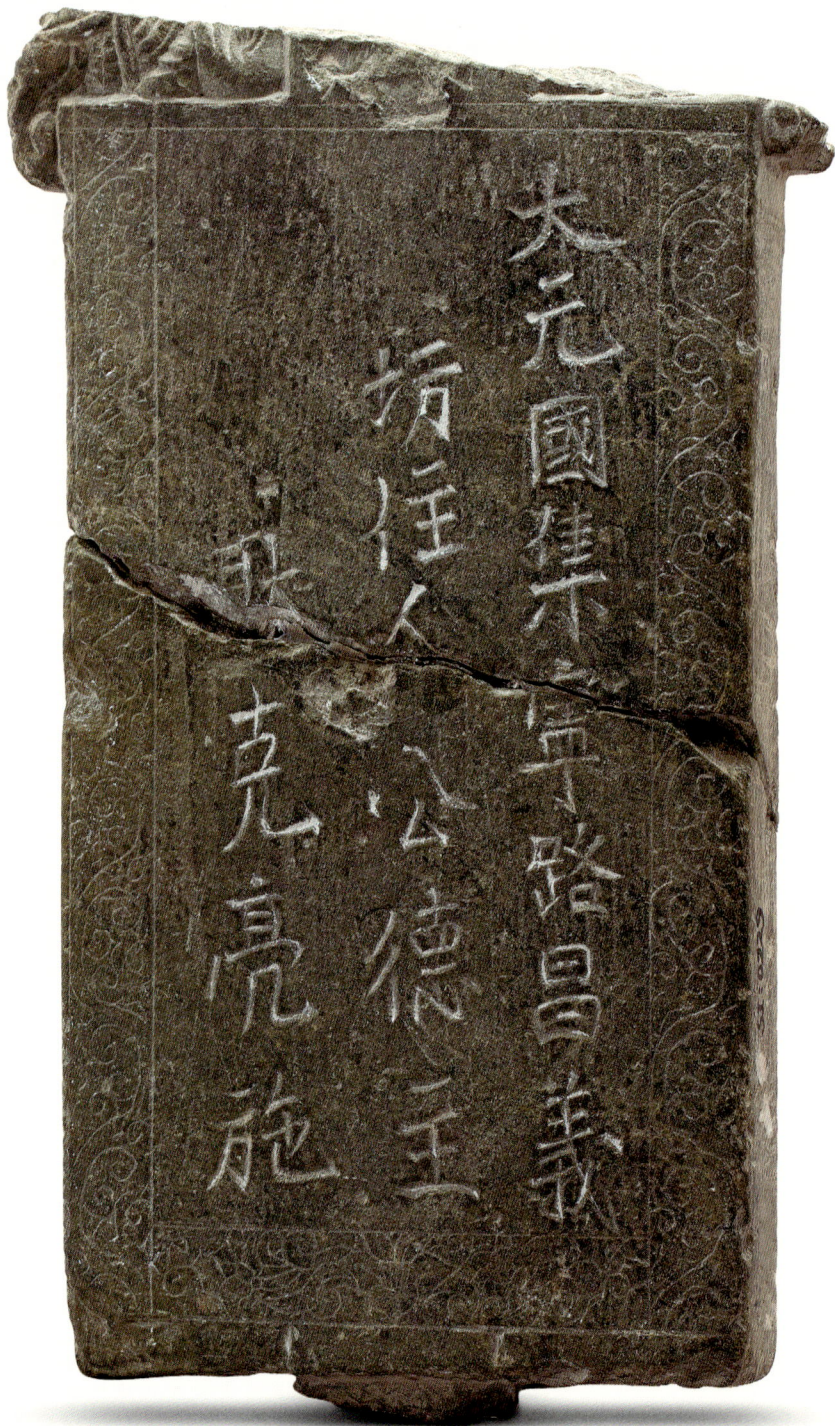

## 功德碑

元代

高 22.8、宽 12.2、厚 8 厘米

内蒙古自治区乌兰察布市察哈尔右翼前旗集宁路古城遗址出土

灰色砂岩。长方形，碑首残，底部穿残。碑版三边框饰缠枝纹，阴刻行书。阳面碑文"大元赠齐卫护国大将军检校尚书守管淮南节度使□山东河北四门镇守招讨使□振调遍（通）天下诸宫补煞无地分巡案官中书门下平章北事关府义同三司金案光禄大夫驾前都统军无侍侯北穆义勇武安英洛王崇宁护国真君致和元年立石"，阴面碑文"大元国集宁路昌义坊住人公德主耿克亮施"。致和元年为公元 1328 年。

# 貳）陶器

**火种炉**

新石器时代 · 仰韶文化

高 21.4、口径 14.1、底径 15.5 厘米

内蒙古自治区乌兰察布市凉城县板城遗址出土

夹砂灰陶。敞口，方唇，束腰，内折腹，钵形底。下腹、底有 8 个不规则穿孔，
腰部和下腹各箍一周附加堆纹，器身施绳纹，并有抹平痕迹。火候较高。

## 小口尖底瓶

*新石器时代·仰韶文化*

高 71.5、口径 7.5、腹径 28 厘米

内蒙古自治区呼和浩特市清水河县白泥
窑子遗址出土

泥质红陶。小口，双唇，矮领，上腹略鼓，
下腹斜收，尖底，下腹中部施有一桥形
单耳。肩部饰横线纹，肩至单耳处饰斜
线纹。

**尖底瓶**

新石器时代·仰韶文化

高 66、口径 16、腹径 23 厘米

内蒙古自治区呼和浩特市清水河县白泥
窑子遗址出土

泥质灰陶。直口，方唇，长垂腹，尖底。
上腹中部施 10 个等距带凹槽突纽。口沿
至突纽处饰四弦纹，以下饰斜线纹。

**彩陶盆**

新石器时代·仰韶文化

高 24.2、口径 34.5、腹径 37.5、底径 14 厘米

内蒙古自治区乌兰察布市察哈尔右翼前旗大坝沟遗址出土

泥质红陶。敛口，圆唇，卷沿，上鼓腹，下腹微曲，平底。
唇与沿面施黑彩，上腹绘有花瓣、月牙、圆点组成的图案。

## 彩陶盆

新石器时代·仰韶文化

高 21、口径 28.3、腹径 29.3、底径 12.3 厘米

内蒙古自治区乌兰察布市商都县章毛乌素遗址出土

泥质黄褐陶。敛口，圆唇，卷沿，上鼓腹，下腹内收，平底。唇与沿面施黑彩，上腹施柳叶、弧线纹、窄条纹组成的带状图案。

**彩陶钵**

新石器时代·仰韶文化

高 8.7、口径 20.2 厘米

内蒙古自治区乌兰察布市凉城县王墓山遗址出土

泥质褐陶。敞口微敛，圆唇，弧腹，圜底。在器身的一侧，口部下有两个锔孔。口沿下至上腹用黑彩绘变形花瓣、弧状、窄条纹组成的图案。

## 小口双耳罐

新石器时代·仰韶文化

高 45.7、口径 14、腹径 51、底径 16 厘米

内蒙古自治区乌兰察布市察哈尔右翼前旗

庙子沟遗址出土

泥质红陶。小口，尖唇，窄折沿，高领，溜肩，鼓腹，腹部施两个对称的桥形耳。绘黑彩，颈下部绘鱼鳞纹、斜线三角纹，腹部为网格纹和相互穿插的波纹组成的连续图案。

## 小口罐

*新石器时代·仰韶文化*

高 38.2、口径 16.8、腹径 32.4、底径 13.5 厘米

内蒙古自治区乌兰察布市凉城县王墓山遗址出土

泥质褐陶。小口，平折沿，尖唇，折肩，折腹，下腹斜收。绘黑彩，颈部绘鱼鳞纹，肩部饰横带纹，腹部为网格纹。

## 小口双耳罐

新石器时代·仰韶文化

高 30.9、口径 13.1、腹径 40.3、底径 13.5 厘米

内蒙古自治区乌兰察布市察哈尔右翼前旗庙子沟遗址出土

泥质红陶。小口，尖圆唇，溜肩，鼓腹，小平底，腹部施两个对称的桥形耳。素面磨光。

## 偏口壶

新石器时代·仰韶文化

高 27、口径 8.4、腹径 31.3、底径 10.2 厘米

内蒙古自治区乌兰察布市察哈尔右翼前旗庙子沟遗址出土

泥质灰陶。偏小口，沿外侈，尖圆唇，上身浑圆，下腹斜收，平底，腹部施对称的桥形耳。素面磨光。

## 曲腹盆

新石器时代·仰韶文化

高 20.4、口径 26、腹径 30、底径 10.2 厘米

内蒙古自治区乌兰察布市察哈尔右翼前旗大坝沟遗址出土

泥质红陶。侈口，尖圆唇，上鼓腹，下腹斜收，平底。绘红彩，口沿内侧绘间隔排列的倒三角纹，上腹绘菱形网格与三角宽带纹。

**曲腹盆**

*新石器时代·仰韶文化*

高 19、口径 28.9、腹径 29.3、底径 12 厘米

内蒙古自治区乌兰察布市凉城县石虎山遗址出土

泥质红陶。侈口，尖圆唇，上鼓腹，下腹斜收，平底。上腹绘黑彩涡旋纹。

**曲腹盆**

新石器时代·仰韶文化

高 10、口径 18、腹径 19、底径 9 厘米

内蒙古自治区乌兰察布市凉城县红台坡上遗址出土

泥质红褐陶。侈口，尖圆唇，上鼓腹，下腹内收，平底。素面磨光。

**双腹盆**

新石器时代·仰韶文化

高 19.6、口径 21.5、腹径 22.3、底径 8 厘米

内蒙古自治区乌兰察布市察哈尔右翼前旗庙子沟遗址出土

泥质灰陶。敞口，尖圆唇，折沿，双鼓腹，下腹斜收，小平底。素
面磨光。

**筒形罐**

新石器时代·仰韶文化

高 22.4、口径 18.2、底径 9.1 厘米

内蒙古自治区乌兰察布市察哈尔右翼前旗庙子沟遗址出土

砂质灰褐陶。直口，尖圆唇，弧腹，上腹弧直，下腹斜收，平底，腹部施对称鸡冠耳。口部外饰一周按压附加堆纹，器身饰交错线纹，下腹抹光。

**高足碗**

*新石器时代·仰韶文化*

*高 12、口径 15.8、腹径 15.6、底径 7.4 厘米*

*内蒙古自治区乌兰察布市察哈尔右翼前旗庙子沟遗址出土*

泥质红陶。敞口，尖圆唇，深弧腹，高足，喇叭状。素面磨光。

**漏斗**

新石器时代·仰韶文化

高 17.6、口径 24.5 厘米

内蒙古自治区乌兰察布市察哈尔右翼前旗大坝沟遗址出土

泥质红陶。敛口，圆唇，折肩，肩部下斜收，接直筒状流。肩部饰凹弦纹，余为素面磨光。

**单把斝**

新石器时代·龙山文化

高 24.5、口径 25 厘米

内蒙古自治区乌兰察布市凉城县园子沟遗址出土

泥质灰陶。敞口，尖圆唇，高领，釜形腹，分裆，三袋足
内收，平足根，口沿至腹有一桥状单把。领下部饰横篮纹，
并有抹平痕迹。

**斝**

新石器时代·龙山文化

高 8.5、口径 9.6 厘米

内蒙古自治区乌兰察布市凉城县出土

泥质褐陶。直口，尖唇，尊形腹，分裆，锥状袋足。素面磨光。

## 双鋬鬲

新石器时代·龙山文化

高 38.5、口径 21.3 厘米

内蒙古自治区乌兰察布市凉城县板城遗址出土

夹砂灰陶。敞口，尖圆唇，矮领，双鋬耳，三乳状袋足
相接，裆心有一尖状乳突。器身饰绳纹。

## 花边鬲

夏代

高 12、口径 14.5、腹径 24.5 厘米

内蒙古自治区乌兰察布市凉城县板城遗址出土

夹砂灰陶。侈口，圆唇，矮领，单耳，三袋足内收。口沿外侧施附加堆
纹按压花边，器身饰绳纹，裆上部饰有蛇纹，足部上腰饰有按压的泥条
附加堆纹。

## 三足瓮

夏代

高 58、口径 33、腹径 38 厘米

内蒙古自治区呼和浩特市清水河县出土

夹砂灰陶。敛口，方唇，蛋形腹，三乳状袋足，
足尖外撇。口部外侧磨光，下饰一周戳点纹，
器体下部饰斜篮纹。

**双鋬罐**

夏代

高 55.7、口径 22、腹径 34、底径 17 厘米

内蒙古自治区呼和浩特市清水河县出土

泥质灰陶。侈口，圆唇，斜领，溜肩，长弧
腹，近底部外曲，平底，腹部施对称鋬耳。
上腹饰两周压印纹，下腹饰三周凹弦纹，在
上腹至器底部拍有直、斜篮纹。

## 大口尊

夏代

高 43.2、口径 44、底径 13.8 厘米

内蒙古自治区乌兰察布市凉城县出土

泥质灰陶。喇叭口，圆唇，深斜腹，平底，上腹部有两个对称的扁平錾首。口部外侧磨光，上腹饰两周凹弦纹，腹部有一周压印附加堆纹，下腹拍有斜篮纹，在器身的一侧从上至下分布有六对锔孔。

**高领折肩罐**

东周

高 29.7、口径 12.4、腹径 21.5、底径 8.4 厘米

内蒙古自治区乌兰察布市凉城县板城墓地出土

泥质灰陶。敞口，方唇，斜领，折肩，弧腹，平底。领部
饰数道凹弦纹，肩部有一刻划符号，腹下饰绳纹。

**高领四系罐**

东周

高 26、口径 10、腹径 23、底径 7 厘米

内蒙古自治区乌兰察布市凉城县板城墓地出土

泥质灰陶。直口，方唇，高领，折肩，弧腹，平底，在肩部、
下腹部各有两个对称的环形耳。腹部下饰绳纹。

**高领双系罐**

东周

高 25.5、口径 10、腹径 25.5、底径 8 厘米

内蒙古自治区乌兰察布市凉城县板城墓地出土

泥质灰陶。直口，方唇，高领，折肩，弧腹，凹底，肩部施对称的梯形耳。

唇面有一周浅凹槽，器身饰网格状附加堆纹。

**鼎**

东周

高 12.5、口径 10、腹径 14.5 厘米

内蒙古自治区乌兰察布市征集

泥质灰陶。侈口，双唇，矮领，鼓腹，
平裆，三柱状矮足。器身饰绳纹。

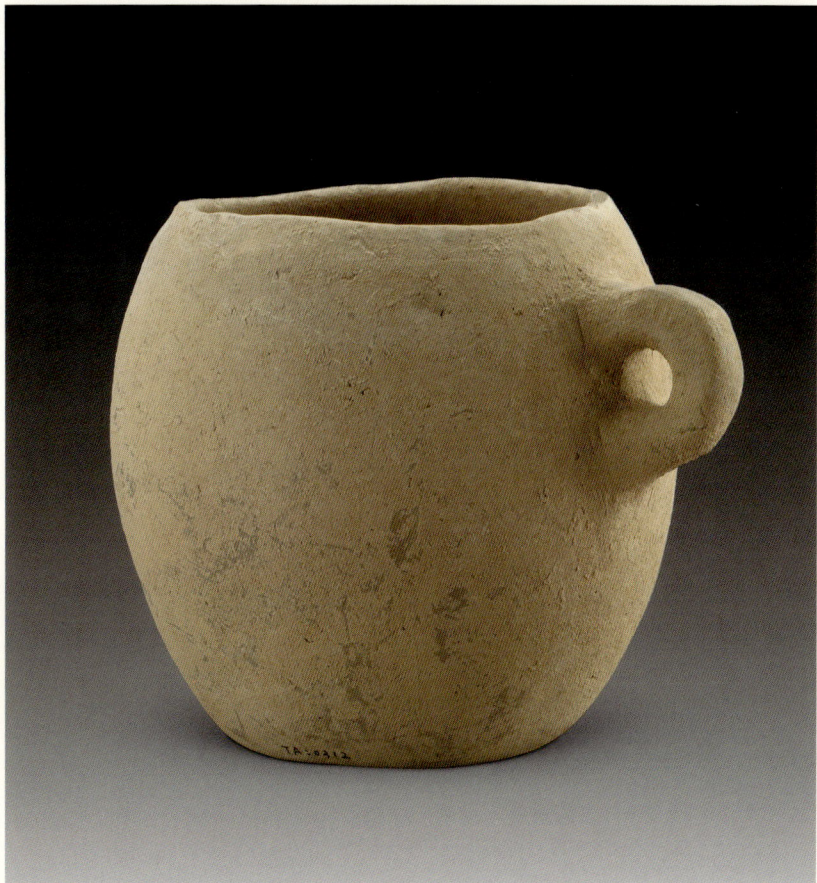

**单系罐**

东周

高 14、口径 11、腹径 12.6、底径 8.5
厘米

内蒙古自治区乌兰察布市凉城县板
城墓地出土

泥质灰陶。敛口，圆唇，弧腹，平
底，上腹部置单耳。素面。

**仓**

汉代

通高36、口径13.5、最大腹径
23.2、底径18.5厘米

内蒙古自治区乌兰察布市凉城
县出土

泥质灰陶。由仓体与仓盖组成，
子母口。仓体呈瓮状，敛口，
圆肩，下腹直收，平底，下接
三动物形柱状足。仓盖为圆形，
弧顶，顶部存一圆形纽。素面，
仓体腹部施四组凸弦纹。

# 壶

北魏

高 23、口径 9.5、腹径 18、底径 6.6 厘米

内蒙古自治区乌兰察布市察哈尔右翼中旗七郎山墓
地出土

泥质灰陶。喇叭口，方圆唇，长颈，圆弧腹，平底。
颈上部饰一道凸弦纹，肩部饰两道凹弦纹，腹部以
下饰三周叶脉压印纹组合的条带。

## 罐

北魏

高 13.3、口径 7.4、腹径 9.7、底径 4.8 厘米

内蒙古自治区呼和浩特市和林格尔县西沟子墓地出土

泥质灰陶。盘口，方唇，高领，鼓肩，弧腹，平底。唇部饰两道凹弦纹，肩部有一道凹弦纹，腹部饰条状竖向压光纹。

**莲花纹方砖**

*北魏*

边长 33.7、厚 6.2 厘米

内蒙古自治区乌兰察布市出土

泥质灰陶。正方形，浅浮雕，砖面由正方形外框图案和圆形内框图案组成。外框、内框条带内均饰连珠纹，外框内边角饰对称草叶纹，内框内饰六组莲花纹，中心为花蕊图案。

## "富贵万岁" 瓦当

北魏

直径 14.5、缘宽 1.3、厚 2.4 厘米

内蒙古自治区乌兰察布市出土

泥质灰陶。浅浮雕，缘部突出，缘内饰横、纵各两条凸起的竖线，将当面隔为九个区块。中心区块施一大乳钉，上下左右区块为隶书"富贵万岁"四字，其余四角区块内饰小乳钉。

## 莲花纹瓦当

北魏

直径 14.5、缘宽 1、厚 2.2 厘米

内蒙古自治区乌兰察布市出土

泥质灰陶。浅浮雕，缘部突出，中心为一乳钉，周围饰莲瓣纹。

**连珠兽面纹瓦当**

辽代

直径 14.7、厚 2.8 厘米

内蒙古自治区乌兰察布市出土

泥质灰陶。浅浮雕，缘面饰连珠纹，中部为兽面纹图案。

**买地券**

辽代

长 39.5、残宽 16.5 厘米

内蒙古自治区乌兰察布市凉城县崞县窑子墓地出土

泥质灰陶。长方形，青灰色砖。砖的一面刻有文字，因残
损严重现只保留有部分可辨识。

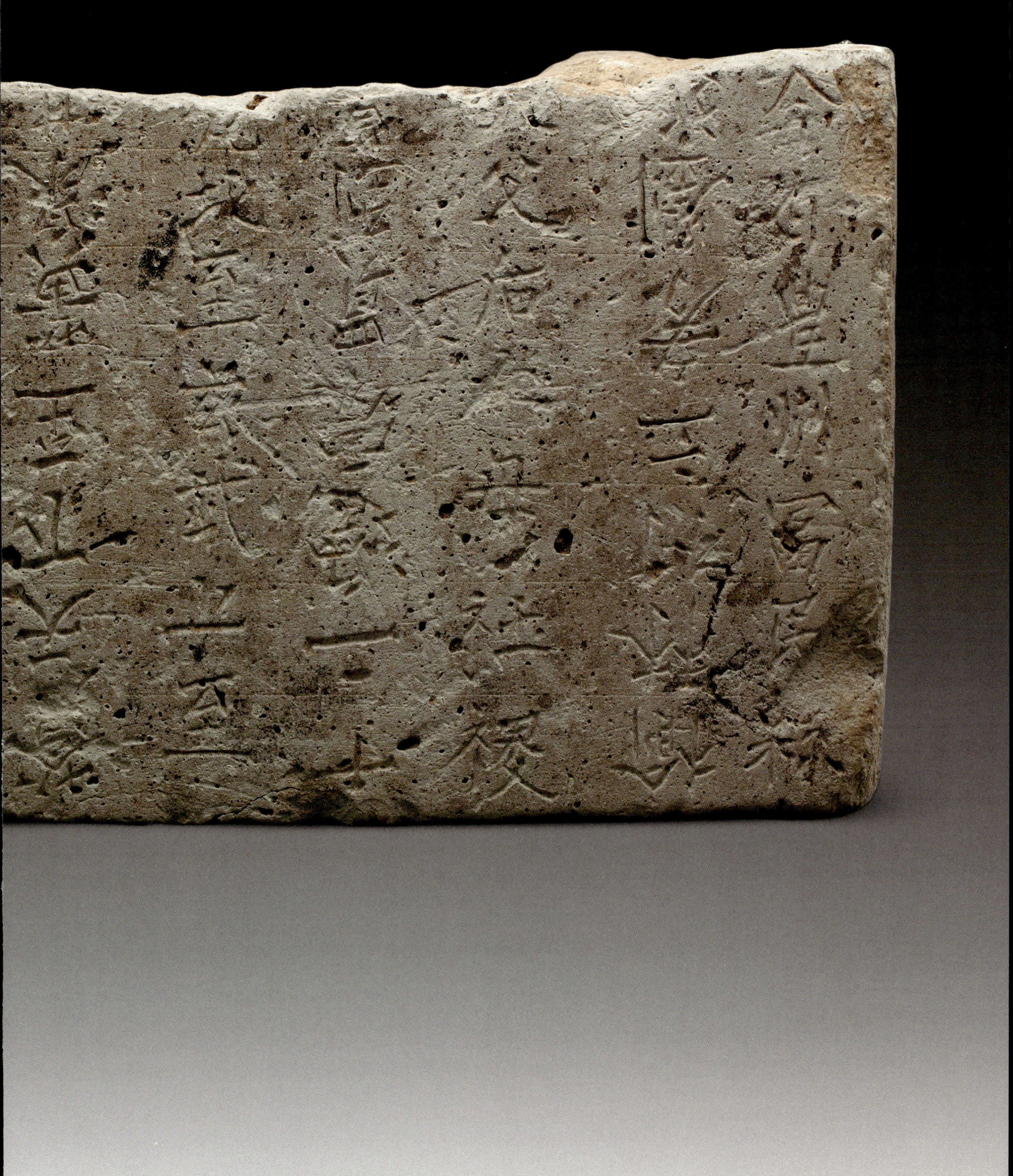

叁）青铜器

**环首刀**

西周

长 25.9、刃宽 3.1、环径 3.1 厘米

内蒙古自治区乌兰察布市出土

椭圆形环首，弧柄曲刃，柄部两侧突起，刀身有栏，
刀尖微翘。

**青铜马珂**

西周

通高 17.2 厘米、最宽 10.4 厘米

内蒙古自治区乌兰察布市征集

马饰件。片状，上部置对称弧形双角，圆面，下部为
长方形。背部两角部各置一横向小纽，下置一较大的
横向桥形纽。

**直銎斧**

*东周*

左：长 10、宽 5.6、厚 2.5 厘米

右：长 7、宽 5.3、厚 1.8 厘米

内蒙古自治区乌兰察布市出土

2件。梯形楔状，长方形銎口，銎口外起凸棱。
中心和下部施一圆形穿孔。

**青铜凿**

东周

长 17.5 厘米

内蒙古自治区乌兰察布市出土

圆形椎状，首部为圆瘤状，下部为扁条形，
双开直刃。上部置一环耳，有两道凸弦纹。

**虎纹铜饰牌**

东周

长 3、宽 2 厘米

内蒙古自治区乌兰察布市出土

虎呈半卧状，口微张，四爪屈而前伸，尾下垂，爪部凸显。

纹饰模糊，有凹坑，背部置竖向双纽，模铸。

**神兽纹铜饰牌**

东周

长 6.4、宽 4 厘米

内蒙古自治区乌兰察布市出土

神兽作俯卧回首状，口微张，勾喙弯曲有力，紧咬猎物，
形似正在吞噬两个相连的动物颈首部。圆耳，足部似爪，
尾下垂，平背，背面置竖向桥形双纽。

**卧鹿形铜饰件**

东周

长 6、宽 5.6 厘米

内蒙古自治区乌兰察布市出土

圆雕造型，跪卧状，四肢内屈，昂首立耳，嘴微张，小尾。

**跪鹿形铜饰牌**

东周

长 5.5 、宽 4 厘米

内蒙古自治区乌兰察布市出土

呈跪卧状，颈部前伸，昂首，鹿角后置至背部，小尾。背面置竖向桥形双纽。

**人面形铜饰件**

东周

高 3、宽 2.4 厘米

内蒙古自治区乌兰察布市征集

人面形。双眼及口部镂空，鼻梁瘦长，三角
形鼻阔下垂，口微张，双耳突起。背面凹陷。

## "耳铸公剑"铜剑

*春秋晚期*

长 49.3、宽 5 厘米

内蒙古自治区呼和浩特市和林格尔县出土

圆盘形凹面剑首，圆柱形剑茎，茎上有两道环状箍，"凹"字形剑格，剑脊突起，横断面为菱形。在剑身近格部刻篆书"耳铸公剑"四字。

**青铜短剑**

战国

长 24.9 厘米、剑身宽 3.7 厘米

内蒙古自治区乌兰察布市兴和县出土

兽面条状剑首，中间有一圆孔，柄边缘有两道凹槽，中部排列突起的"V"形图案，"凹"字形剑格，剑身起凸脊，双面直刃。

**青铜剑**

战国

残长 47.5、最宽 4.4 厘米

内蒙古自治区乌兰察布市兴和县张皋乡出土

首部残，圆柱形剑茎，茎上有两道环状箍，
"凹"字形剑格，剑身中脊起棱，横断面为
菱形。

## "三年相邦吕不韦"铜矛

战国·秦

残长 12.6、口径 2.3、宽 3.1 厘米

内蒙古自治区呼和浩特市清水河县拐子上
古城遗址出土

叶形，椭圆形骹口，中空至锋端，两侧留
有对穿钉孔各一。骹一侧纵刻"三年相邦
吕不韦……"

**"武都"铜矛**

战国·秦

长 14.2、骹径 2.2、叶宽 3.1 厘米

内蒙古自治区呼和浩特市清水河县拐子上古城遗址出土

骹为直筒式，椭圆口。上錾刻"武都"，"武"字反书。矛身两侧刃部锋利，中脊明显，脊旁有血槽。

## "廪丘"铜戈

战国·秦

通长 21.4、援长 12.2、胡长 11.1、内长 8 厘米

内蒙古自治区呼和浩特市清水河县拐子上古城遗址出土

援两侧作双弧面刃，胡上近阑处有三个长方形穿；内上有一穿，上、下缘亦锋刃。内一面刻"廪丘"两字，另一面刻"五"字；胡一面刻"口口武库"。

**螭纹铜鼎**

战国

残高 21.1、腹径 34.3 厘米

内蒙古自治区乌兰察布市卓资县十八台镇梅力盖图出土

敛口，弧腹，圜底，长方形环状曲面竖耳，蹄形足（残）。腹中间
饰一周凸弦纹，上、下腹各饰组合的螭纹。

## 四兽纹铜镜

战国

直径 11.5、厚 0.4 厘米

内蒙古自治区乌兰察布市察哈尔右翼前旗出土

圆形，宽缘，桥形纽，凹凸环带纽座。中区饰细密的羽翅纹地，并对称排列有四神兽。

**叶脉纹铜镜**

战国

通高 6、柄宽 3.9 厘米

内蒙古自治区乌兰察布市出土

镜面呈椭圆形，短柄。柄首为三环连接，中部镂空，柄
部饰叶脉纹。

**水禽形带钩**

战国

残长 8、宽 3.8 厘米

内蒙古自治区乌兰察布市征集

整体似铲形，钩部似水禽首，弧面铲状钩尾，"T"形纽位于带钩尾部。

## 琵琶形带钩

战国

残长 15.6、宽 1.8 厘米

内蒙古自治区乌兰察布市征集

钩身修长，呈琵琶状，内有几何纹突起条带隔界，界中饰
有同心圆，钩面凹槽中镶嵌有绿松石组成的连续图案。

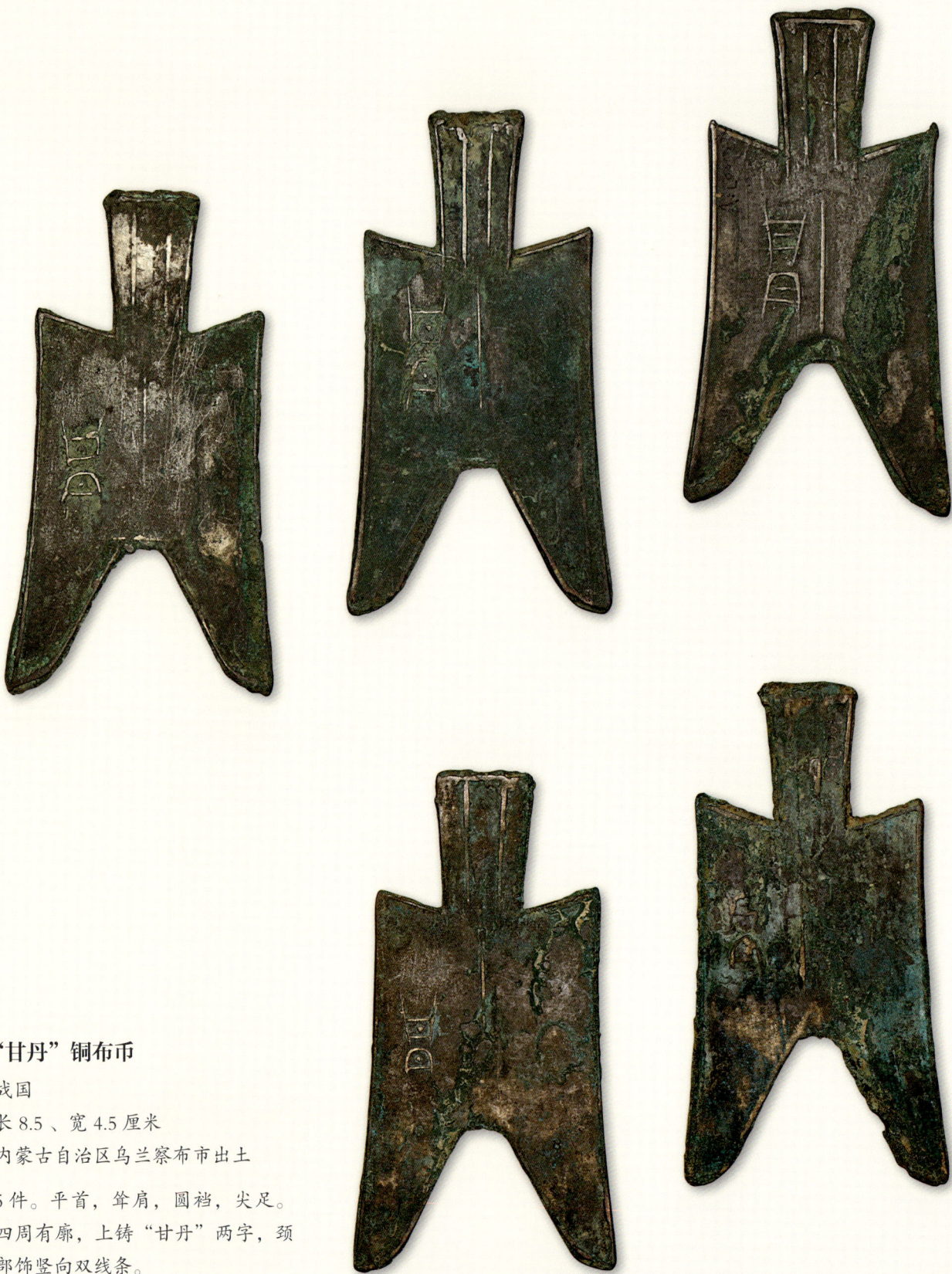

**"甘丹"铜布币**

战国

长 8.5、宽 4.5 厘米

内蒙古自治区乌兰察布市出土

5 件。平首，耸肩，圆裆，尖足。
四周有廓，上铸"甘丹"两字，颈
部饰竖向双线条。

"榆即"铜布币

战国

长 7.9、宽 4.2 厘米

内蒙古自治区乌兰察布市出土

平首，耸肩，方裆，尖足。四周有廓，
上铸"榆即"两字，颈部饰竖向双线条。

**铜鐎壶**

汉代

高 13、长 23.3、宽 19.7 厘米

内蒙古自治区乌兰察布市出土

小口，鼓腹，长方形鋬柄，鸭形流，圆底，三蹄形足，弧
形盖。腹部饰横向凸弦纹，柄中置上下穿孔。

## 双耳铜鍑

东汉

高 20.5、口径 13、腹径 16、底径 10 厘米

内蒙古自治区乌兰察布市出土

敛口，直沿，长圆腹，平底，口部置对称环状立耳。器身有铸造的范口痕迹。

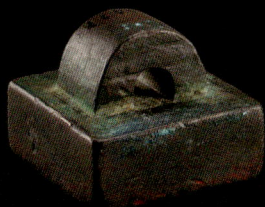

**"别部司马"铜印**

汉代

通高 1.9、边长 2.4 厘米

内蒙古自治区乌兰察布市察哈尔右翼后旗出土

印面为正方形，背部置桥形纽，阳刻隶书"别部司马"。

**"位至公侯"铜铃**

*汉代*

通高 2.4、铃径 2 厘米

内蒙古自治区乌兰察布市出土

铃身呈球状，上桥形小纽。下部开一长条状口，内置铃石。铃身一面刻划"位至公侯"，另一面刻划"长宜子孙"。

**双马铜饰牌**

东汉

高 4.6、长 6 厘米

内蒙古自治区乌兰察布市察哈尔右翼后旗三道湾墓地出土

片状。正面凸起，背面内凹，分上下两匹马，小马立于大马背部，大马则呈跪卧状。两马额顶皆置束缨。

**铜铃**

东汉

高 6、宽 4.5 厘米

内蒙古自治区乌兰察布市察哈尔右翼后旗三道湾墓地出土

铃体呈梯形弧面，弧形口，桥形纽，纽下置一小孔。两侧饰相同的三组网格纹，两边网格纹内饰乳钉，铃体上半部施对称两穿孔。

"大员"铜壶

西晋

高 32、口径 13.8、腹径 38.2 厘米

内蒙古自治区乌兰察布市商都县出土

直口，方唇，高颈，鼓腹，平底。肩部施对称
铺首衔环，阴刻"大员"两字，刚劲工整。该
壶为鲜卑贵族用器。

## 熊足铜盘

*西晋*

高 7.7、直径 52 厘米

内蒙古自治区乌兰察布市商都县出土

宽沿平折，浅腹，斜壁，平底，三熊形足。熊呈坐势，嘴大张，两耳直立，前肢撑扶于后肢之上，毛发錾刻栩栩如生，形态温雅和睦。身上置有圆形、叶状凹坑，曾镶嵌有宝石，盘外壁划刻有涡线纹。该盘为鲜卑贵族用器。

**铜带扣牌铃**

北魏

上：直径 7 厘米；下：直径 6.5 厘米

内蒙古自治区乌兰察布市察哈尔右翼中旗七郎山
墓地出土

2件。圆形，残，一端为方形扣环，其余边缘向
外均匀分布有六个椭圆形小铃，内圆饰绳锁纹，
中心为一圆形泡钉，并向四面辐射出"中"字形
纹样，扣环部饰有虎首纹样。

**瑞兽瑞禽葡萄镜**

唐代

直径 11、厚 1 厘米

内蒙古自治区乌兰察布市化德县出土

圆形，宽缘，龟形钮，镜背呈凹面，凸弦纹将镜背分为内外两区。内区四
兽同向绕钮，姿态各异；外区一周饰禽鸟、蜂蝶，鸟间点缀葡萄蔓枝，瑞兽、
禽鸟造型生动，丰腴活泼；边缘一周饰三叠云纹。

**瑞兽瑞禽葡萄镜**

唐代

直径 24.8、厚 0.5 厘米

内蒙古自治区乌兰察布市察哈尔右翼中旗出土

圆形，宽缘，龟形纽，镜背整体呈凹面，凸弦纹将镜背分为内外两区。内区
六瑞兽同向绕纽，姿态各异，瑞兽间点缀葡萄蔓枝；外区为禽鸟、蜂蝶掩映
在环绕成圈的葡萄蔓枝叶中；边缘为三叠云纹。

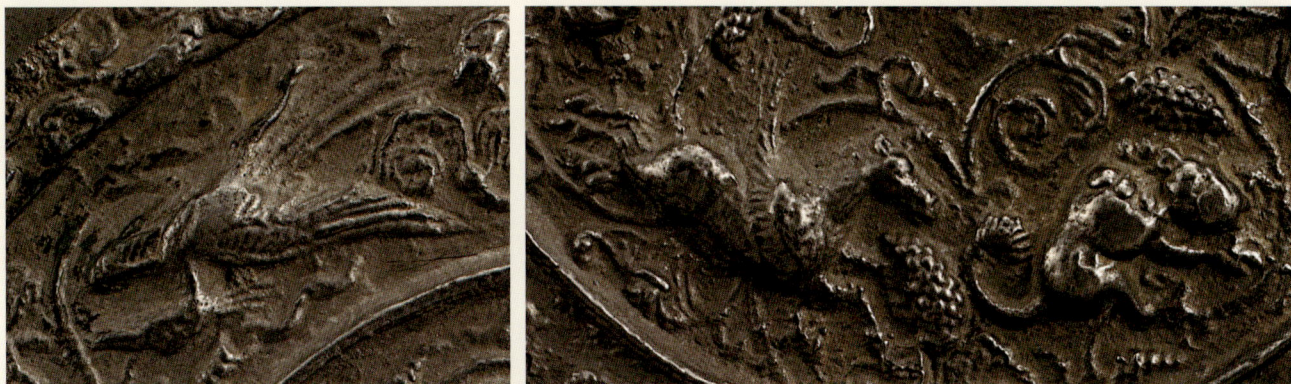

**龙纹花口鎏金铜碟**

辽代

高 2.1、口径 12.8、底径 8 厘米

内蒙古自治区乌兰察布市凉城县麦
胡图乡出土

方形，花边口，立斗状，斜壁，平底。
内沿及壁施勾连卷草纹，纹内錾刻
有鱼籽纹，底部錾刻龙纹图案。

**双凤纹花口鎏金铜碟**

辽代

口径 17、底径 12 厘米

内蒙古自治区乌兰察布市兴和县出土

花边口，平折沿，卷唇，平底，整体八瓣形。沿面錾刻有卷草纹，内底錾刻双凤纹图案。

**缠枝牡丹纹镜**

辽代

直径 17.7、纽宽 1、缘宽 1、厚 0.1 厘米

内蒙古自治区乌兰察布市商都县十八顷乡前海子村出土

圆形，窄缘，桥形纽。镜背铸压缠枝牡丹纹。

**双凤纹镜**

辽代

直径 24.9、厚 0.3 厘米

内蒙古自治区乌兰察布市出土

圆形，宽缘、球形纽。镜背錾刻双凤纹。

"煌丕昌天" 海舶纹铜镜

辽代

直径 16.5、厚 0.4 厘米

内蒙古自治区乌兰察布市出土

阔葵窄缘，球形纽。镜背铸压海、船、波涛、蔓枝、祥云纹图案，
上部铸有"煌丕昌天"四字。

## 人物花卉纹镜

辽代

直径 14.3、厚 0.6 厘米

内蒙古自治区乌兰察布市察哈尔右翼前旗豪欠营墓地 M9 出土

圆形，窄缘，桥形纽。纽外及镜缘处分别饰连珠纹一周，之间有四条连珠纹相连将镜背分成四区，每区内均浮雕一组花卉人物图案，纹饰基本相同，人物造型居于花卉纹中部，线条笨拙，人物清晰。

**仙人龟鹤纹铜杖首**

辽代

通长 26（两段共计）、首长 11.8、首宽 6 厘米

内蒙古自治区乌兰察布市卓资县碌磙坪乡忽洞坝墓
葬出土

整体呈"T"形，残，两耳弧圆为片状，长銎口杖柄。
鎏金，两面铸有仙人龟鹤纹，銎部刻有羽灵纹，下
端施一道环状箍。

## 鎏金錾花管状器

辽代

长 9.1、直径 1.7 厘米

内蒙古自治区乌兰察布市察哈尔右翼前旗豪欠营墓地 M3 出土

通体鎏金，胎薄，中空。管表刻有云涡纹图案四组，云纹之间为细鱼鳞刻纹，刻纹精细，花纹规整。管端有网状圆球。

**"都监之印"铜印**

辽代

通高 4.8、边长 7.8、厚 1.8 厘米

内蒙古自治区乌兰察布市察哈尔右
翼前旗黄茂营乡出土

印面呈正方形，长方形柱纽。顶端
阴刻"上"字，印面阴刻"都监之印"
四个契丹大字。

**髡发人物舞蹈造像**

辽代

高 11、宽 6.9 厘米

内蒙古自治区乌兰察布市出土

髡发，袒胸。着宽袖大襟，裙裤，云头鞋。
悦容，手舞足蹈，一脚腾空离地。

## 鎏金铜覆面

辽代

长 26.5、宽 19.5 厘米

内蒙古自治区乌兰察布市察哈尔右翼前旗豪欠营墓地 M6 出土

薄铜片锤镍成型。眼微闭，鼻梁瘦长，颧骨略隆起，嘴微张。耳部上下各
有一对小孔，一孔已锈蚀无存。

**仿唐瑞兽铭文镜**

金代

直径 14、厚 0.5 厘米

内蒙古自治区乌兰察布市出土

圆形，压轮窄缘，桥形纽。突起的圆形棱将镜背分为内、中、外三区，内区为圆形纽座；中区内饰四鹿形相随纹样；外区铸有"赏得秦王镜，□不惜千金，□□欲照胆，□是自明心"铭文。

**"真容无鉴"镜**

金代

直径 21.4、缘宽 1.1、厚 0.7 厘米

内蒙古自治区乌兰察布市出土

圆形，宽缘，圆形纽。内饰云凤纹，纽周铸有"真容无鉴"四字。

"唐古部族验官"铜镜

金代

直径 14.8、厚 0.5 厘米

内蒙古自治区乌兰察布市出土

圆形，宽缘，圆形纽。缘上刻有"唐古部族验官"字款，另有一刻划符号。

## "丰州之印"铜印

金代

通高 4.8、边长 6.4、厚 1.7 厘米

内蒙古自治区呼和浩特市清水河县单台子乡征集

印面呈正方形,长方形直纽。印面阳刻九叠篆书"丰州之印",印背右侧刻有"丰州之印"4 字,左侧为"行陕西东部造"。

"元帅左都监之印"铜印

金代

通高 4.7、边长 9.4、厚 1.4 厘米

内蒙古自治区乌兰察布市察哈尔右翼前旗出土

印面呈正方形，长方形直纽。印面阳刻九叠篆书"元帅左都监之印"。

**"管女直侍卫亲军万户府印"铜印**

元至元十九年（1282 年）

通高 8、边长 8、厚 2 厘米

内蒙古自治区乌兰察布市察哈尔右翼前旗征集

印面呈正方形，长方形直纽。印面阳刻八思巴文；印
背纽两侧阴线錾刻"管女直侍卫亲军万户府印""中
书礼部至元十九年四月□日造"。

**"忠诩侍卫亲军弩军百户印"铜印**

元至治元年（1321 年）

通高 6.8、边长 6.8、厚 1.7 厘米

内蒙古自治区乌兰察布市察哈尔右翼前旗出土

印面呈正方形，梯形柱状纽。印面阳刻八思巴文；
印背一侧刻有"忠诩侍卫亲军弩军百户印"，另一
侧刻有"中书礼部至治元年五月八日造"。

**"武昌路民户提举兼管水路事产印"铜印**

元元统三年（1335 年）

通高 8、边长 7、厚 1.5 厘米

内蒙古自治区乌兰察布市凉城县出土

方形印，长方形柱纽。印面阳刻八思巴文，印背柱
纽一侧刻"武昌路民户提举兼管水路事产印"，另
一侧刻边款"中书礼部元统三年三月□日造"。

## 龟鹤烛台

元代

通高 24.7 厘米

内蒙古自治区乌兰察布市察哈尔右翼前旗集宁路古城遗址出土

一对。鹤昂首立于龟背之上，鹤嘴上部托荷花形烛台。

## 铜距骨

元代

高 1.8、长 3、宽 1.8 厘米

内蒙古自治区乌兰察布市察哈尔右翼前旗集宁路古城遗址出土

2 件。仿羊的距骨实码制作而成。

## 明代永乐年造铜火铳

明代

长 49.8、口径 10 厘米；重 17.85 千克

内蒙古自治区乌兰察布市丰镇市对九沟乡出土

圆筒状竹节形，外环三箍，后尾处封堵，下部筒管微鼓，其一侧留有点火口。刻有铭文"英字叁千柒佰玖拾肆号 永乐柒年玖月□日造"。

## "乌兰察布盟长印"铜印

*清代*

*通高 9.4、边长 10.7、厚 3 厘米*

*内蒙古自治区乌兰察布市征集*

印面呈方形,虎形纽。虎呈蹲坐状,前视,嘴微张,两目狰狞,立耳,尾巴弯曲上翘至虎背,虎身錾刻出毛发和条纹。印面宽缘,阳刻蒙文"乌兰察布盟长印";印背刻有蒙文。印台的前后立面分别刻有汉蒙两种文字"礼部造",印台两侧刻有汉字"乌兰察布盟长印""乾字壹百拾□号""乾隆拾叁年肆月"。

## "陶林县政府印"铜印

**民国时期**

通高 10.6、边长 6.5、厚 2 厘米；重 965.4 克

内蒙古自治区乌兰察布市征集

印面呈正方形，圆柱状纽。印面宽缘，内刻篆书"陶林县政府印"。印背纽两侧分别錾刻有"陶林县政府印""印铸局造"。印台两侧分别刻有"中华民国十八年十月囗日""国字第一千四百三十四号"。

## "茂明安旗旗政府印"铜印

**民国时期**

通高 10.8、边长 6.5、厚 2 厘米

内蒙古自治区乌兰察布市征集

印面呈正方形，圆柱状纽。印面宽缘，内刻蒙文及汉文篆书"茂名安旗旗政府印"。印背纽两侧分别錾刻"茂明安旗旗政府印""印铸局造"。印台两侧分别刻有"中华民国二十三年十月□日""国字第三千八百九十三号"。

## "乌兰察布盟公署之印"铜印

**民国时期**

通高 16、边长 8.5、厚 2.8 厘米

内蒙古自治区乌兰察布市征集

印面呈方形，圆顶柱状纽。印面宽缘，印文为阳刻蒙文和汉文篆书"乌兰
察布盟公署之印"。印背两侧錾刻蒙文和汉文"乌兰察布盟公署之印"。

# 肆）瓷器

**白釉注子**

唐代

高 19.2、口径 8.4、腹径 13.5、底径 8.5 厘米

内蒙古自治区呼和浩特市和林格尔县土城子出土

喇叭口，圆唇，高颈，双棱形扁把，短直流，鼓腹斜收，圈足。施白釉，釉面粗糙，下腹脱釉。

**三彩三足器**

唐代

高 4.5、口径 4.1、腹径 8.5 厘米

内蒙古自治区乌兰察布市征集

敛口，折沿，圆唇，短颈，球形腹，平底，瘤状三足。通体以绿、白、黄釉相间自然流脱，浑然天成。

**白釉折枝莲花纹注**

辽代

高 12、口径 3.3、腹径 11、底径 6 厘米

内蒙古自治区乌兰察布市丰镇市九墩沟墓葬出土

小口，折肩，短直流，曲把，弧腹，折下腹，圈足。倒伞形盖，盖沿散阔，塔形纽座。肩面饰有压印莲花纹，腹部刻划折枝莲花纹。

## 白釉注

辽代

高 12、腹径 10、底径 5.4 厘米

内蒙古自治区乌兰察布市察哈尔右翼前旗豪欠营墓地 M6 出土

六棱瓜瓣式外形，圆腹，短流，绞索式提梁，圈足。提梁的前
段饰有附加三段式贴花，中部为蝴蝶印花图案，两侧为跳跃的
鱼形图案。通体白釉。

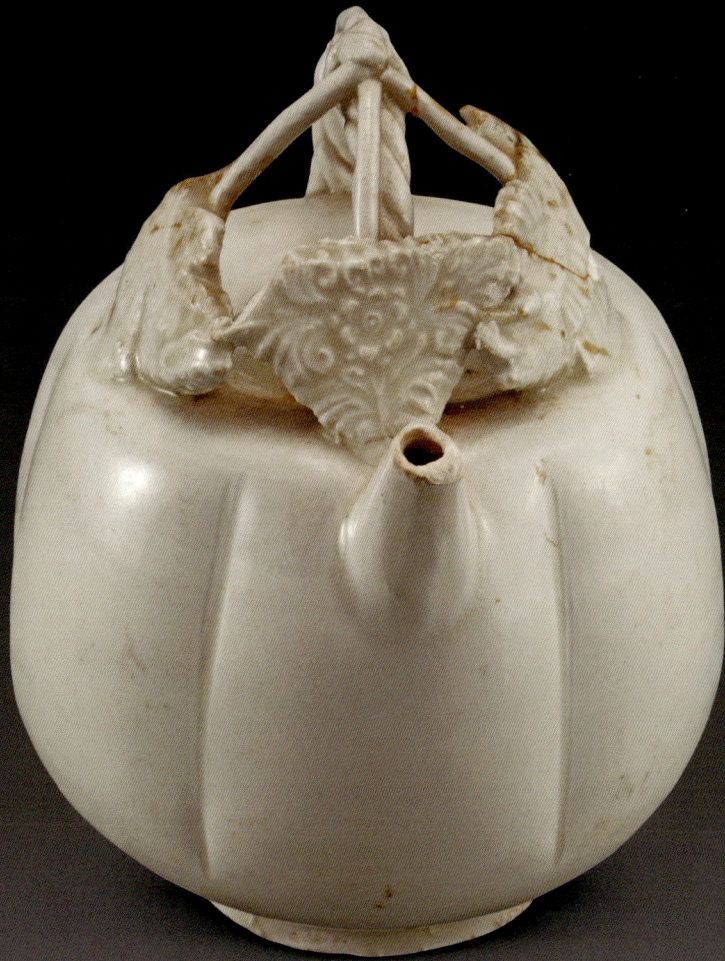

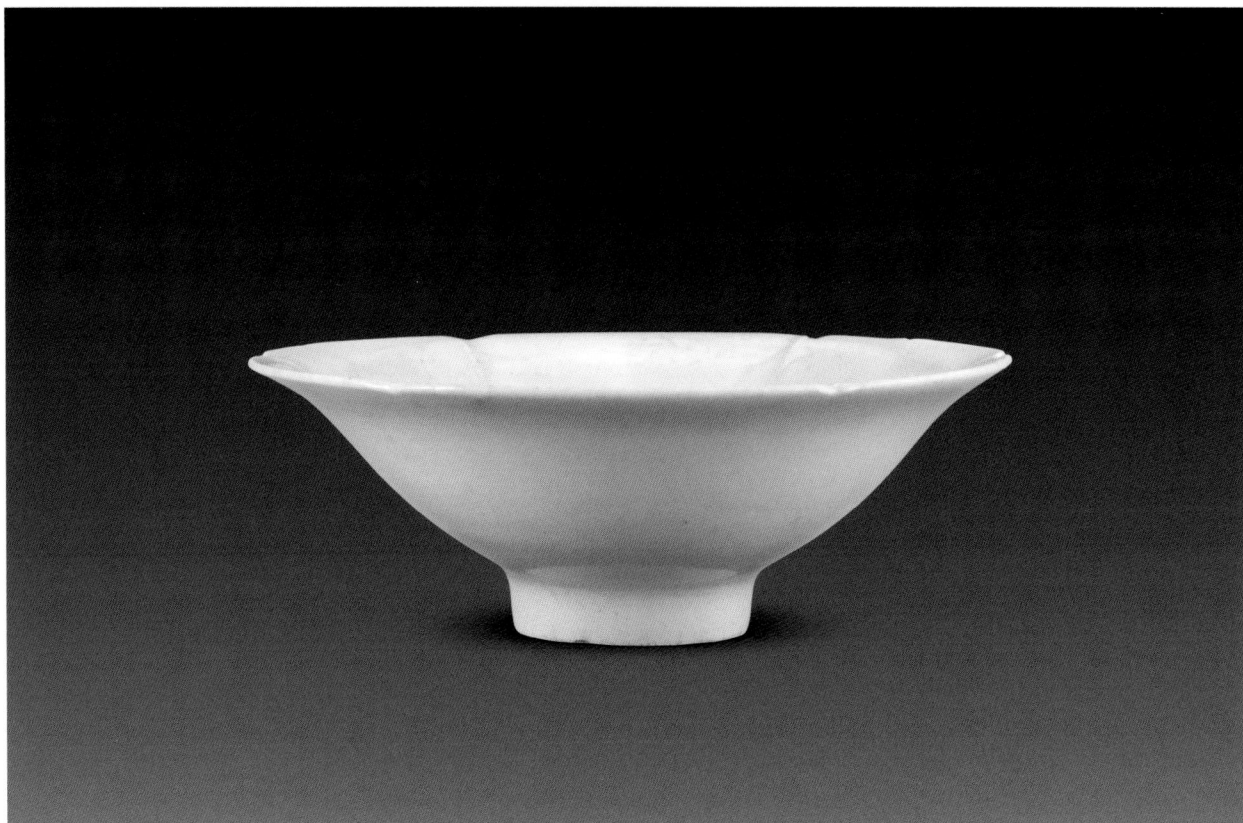

**青釉花瓣碗**

辽代

口径 9.7、底径 3 厘米

内蒙古自治区乌兰察布市兴和县大同窑古城出土

葵口式口，尖圆唇，斜腹，圈足。釉色青中泛白，胎薄质硬，莹润、透光。
器形规整。

**白釉印花碗**

辽代

高 6.5、口径 19.7、底径 7.3 厘米

内蒙古自治区乌兰察布市察哈尔右翼前旗豪欠营墓地
M5 出土

敞口，圆唇，斜弧腹，圈足外撇。外壁无纹饰，内壁
有莲藕花卉纹饰，并存 9 个支钉痕。施白釉，外侧底
部脱釉。

**白釉盘**

辽代

高 4.5、口径 16.1、底径 6.8 厘米

内蒙古自治区乌兰察布市察哈尔右翼前旗豪欠营墓地 M6 出土

敞口，尖唇，折腹，圈足。内底存有均匀排布的 8 个支钉痕。施白釉，器外
壁脱釉。

**白釉碟**

辽代

高 2.5、口径 11、底径 4.3 厘米

内蒙古自治区乌兰察布市察哈尔右翼前旗豪欠营墓地 M6 出土

碟有冲线。敞口，尖唇，斜腹，圈足。内底有 5 个支钉痕。施白釉，釉色灰白，内夹黑色粒点，外壁近足部脱釉。

**白釉渔猎纹盘**

辽代

高 5、口径 25.5、底径 10 厘米

内蒙古自治区乌兰察布市察哈尔右翼前旗豪欠营墓地 M9 出土

敞口，尖唇，浅腹，平底。内壁模印有渔猎纹、牡丹花草纹、波浪纹，底部有
4 个支钉痕。通体施灰白釉。

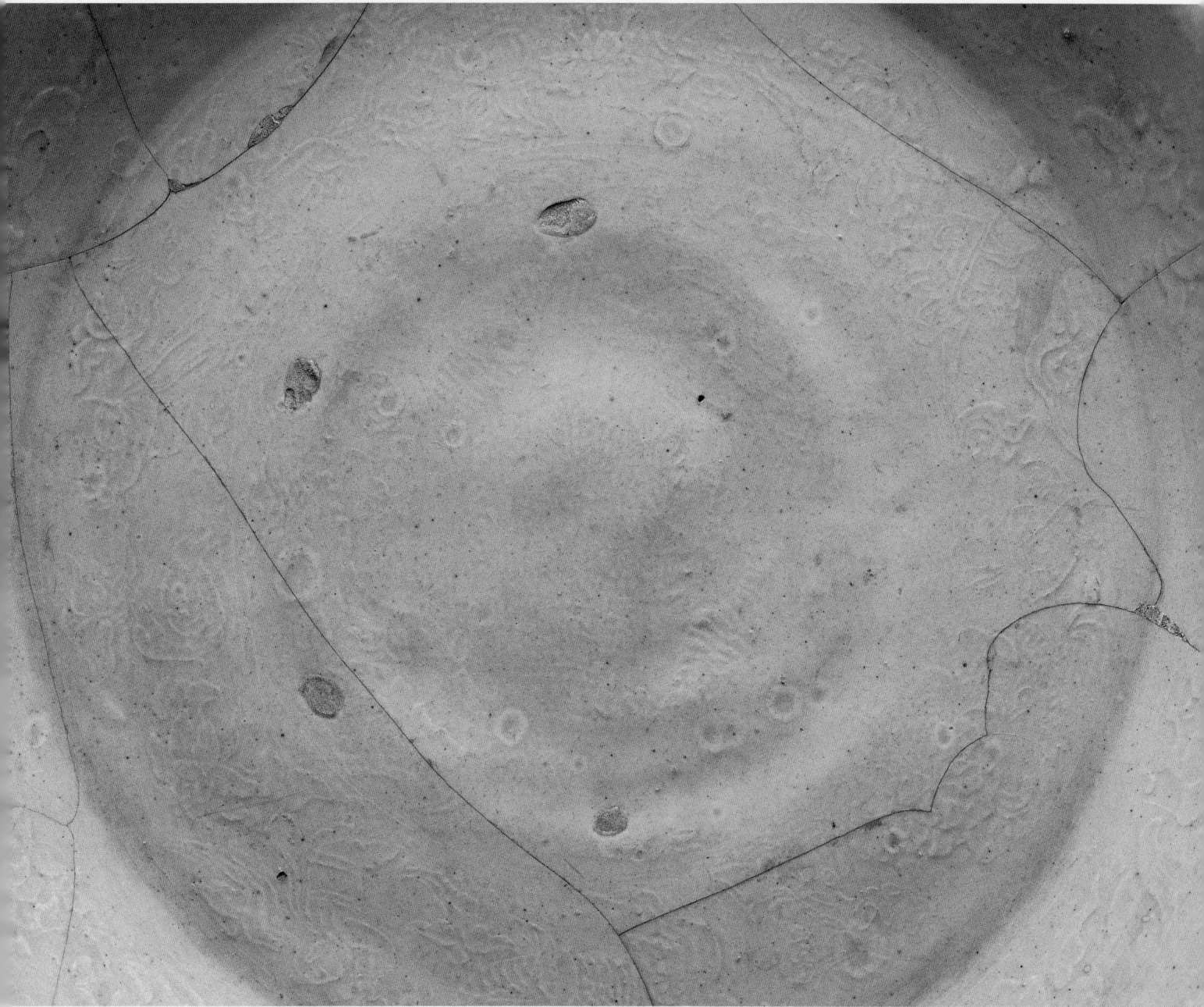

**白釉碟**

辽代

高 2.5、口径 10.9、底径 4.3 厘米

内蒙古自治区乌兰察布市察哈尔右翼前旗豪欠营墓地 M6 出土

敞口，尖唇，斜腹，圈足。施白釉，外壁近足部脱釉。

**白釉团花碗**

辽代

高 4.3、口径 20、底径 4.2 厘米

内蒙古自治区乌兰察布市察哈尔右翼前旗豪欠营墓
地 M5 出土

敞口，尖圆唇，斜弧腹，圈足外撇。外壁素面，器
底印有菊花纹，并存有 10 个支钉痕。

**白釉涡纹盂**

辽代

高 3.8、口径 2、底径 2.9 厘米

内蒙古自治区乌兰察布市兴和县尖子山墓葬出土

小口，直沿，方唇，弧肩，鼓腹，假圈足。涡棱形装饰，
通体施白釉。

**白釉葫芦瓶**

辽代

高 17、口径 2、底径 6.8 厘米

内蒙古自治区乌兰察布市察哈尔右翼前
旗豪欠营墓地 M6 出土

葫芦形，小口，圈足。施白釉，底部脱釉。

**白釉玉壶春瓶**

金代

通高 31、口径 5.8、腹径 14、底径 6.2 厘米

内蒙古自治区呼和浩特市武川县大顺城出土

口外撇，细长颈，溜肩，垂腹，圈足。盔型盖，子母沿。通体施白釉。

**白釉玉壶春瓶**

金代

高 28.7、口径 4.8、腹径 13.6、底径 6 厘米

内蒙古自治区呼和浩特市和林格尔县八号村出土

口外撇，细长颈，溜肩，垂腹，圈足。通体施白釉。

**白釉划花碗**

金代

高 10、口径 24.7、底径 12 厘米

内蒙古自治区呼和浩特市武川县大顺城出土

敞口，圆唇，深弧腹，圈足。芒口叠烧，外壁光素，内壁刻划萱草纹。施白釉。

## 青花高足杯

元代

高 10、口径 11.7、底径 3.8 厘米

内蒙古自治区乌兰察布市察哈尔右翼前旗集宁路古城遗址出土

杯身碗状，敞口，弧腹，下承高足。内壁口沿下绘云纹条带一周，外壁绘腾飞的龙纹，下腹有一周弦纹。通体施青白釉，绘青花。

**影青盏**

元代

高 3.9、口径 10.5、底径 3.5 厘米

内蒙古自治区乌兰察布市察哈尔右翼前旗集宁路古城
遗址出土

敞口，斜腹，圈足。胎薄质硬，釉色青中闪白，莹润，
外壁素面。

**青白釉碗**

元代

高 4.9、口径 11.7、底径 3.7 厘米

内蒙古自治区乌兰察布市察哈尔右翼前旗集宁路古城遗址
出土

花边口外敞，深弧腹，圈足。施青白釉，泛蓝，釉质滋润，
温润如玉。

**青白釉碗**

元代

高 5、口径 11.8、底径 4.3 厘米

内蒙古自治区乌兰察布市察哈尔右翼前旗集宁路
古城遗址出土

敞口，深弧腹，圈足。施青白釉。

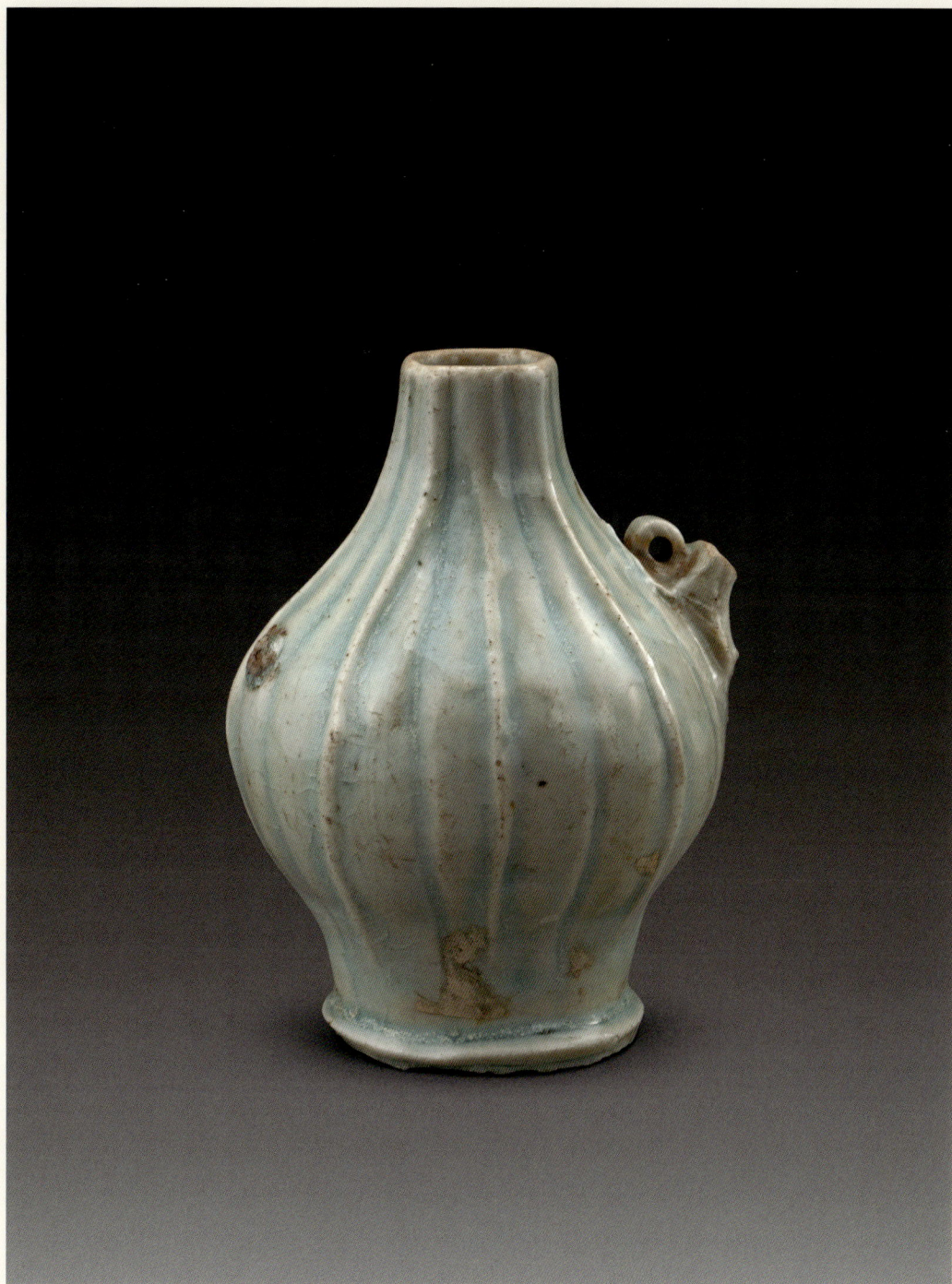

**青白釉多棱瓶**

元代

高 9.7、口径 2.3、腹径 8.1、底径 5 厘米

内蒙古自治区乌兰察布市察哈尔右翼前旗集宁路古城遗址出土

小口，短颈，鼓腹，双系，一耳残缺，饼形足。瓜棱形装饰，施青白釉，
釉面流青，釉质滋润。

**青白釉香炉**

元代

高 8.3、口径 7.6、耳高 3.9、耳宽 2 厘米

内蒙古自治区乌兰察布市察哈尔右翼前旗集宁路古城遗址出土

敞口，平沿，高领，鼓腹，圜底，三柱状足，长方形冲耳。内外壁施青白釉，底部与足下脱釉。

**青白釉狮子**

元代

高 15.4、底座长 7.8、底座宽 6 厘米

内蒙古自治区乌兰察布市察哈尔右翼前旗集宁路古城遗址出土

狮蹲坐于须弥座上，前掌护球，胸结璎珞，侧首摆尾，张口闭目。通体
施青白釉。

**青白釉蟾形砚滴**

元代

高 7.8、长 10.36、宽 6 厘米

内蒙古自治区乌兰察布市察哈尔右翼前旗集
宁路古城遗址出土

蟾蜍形，嘴微张，流口，犄角形提梁，器背
有一孔口。造型奇特，敦厚可爱。通体施青
白釉。

**青釉瓜棱注**

元代

高 6.8、口径 2.8、腹径 9、底径 5.5 厘米

内蒙古自治区乌兰察布市察哈尔右翼前旗集宁路古城
遗址出土

瓜瓣状，上置内凹小口，短流，圆形把手，圈足，莲
花形器盖。通体施青釉。

**青釉碗**

元代

高 4、口径 9.5、底径 2.9 厘米

内蒙古自治区乌兰察布市察哈尔右翼前旗集宁路古城遗址出土

敞口，弧腹，圈足。内外壁施青釉，釉薄温润；圈足处施釉不
均匀，足内露胎，呈红褐色；外壁釉面有开片。龙泉窑系。

**步摇冠鹿首金饰件**

北魏

长 18.2、宽 21 厘米；重 69.5 克

内蒙古自治区包头市达尔罕茂明安联合旗前河子村出土

饰件由鹿首和向上连理的枝叶组成。鹿头部狭长突出，立耳，鼻梁、眼眶、耳部作连珠纹条带，额面饰有对称的桃形宝石。耳根下，鼻梁两侧有穿孔。角作三枝并立向上，中间一枝竖直，梢上连有一桃形金片；两边两枝作对称的三分叉树枝式，枝稍连接桃形金叶片，分叉处镶嵌桃形绿松石。

## 龙形金饰件

北魏

长 128 厘米；重 214 克

内蒙古自治区包头市达尔罕茂明安联合旗前河子村出土

绳索状，用金丝绞编，两端龙头为管状式。龙嘴微张，龙鬃编缀为两条
盘索状，双角、双目、鼻孔、耳朵对称分布在龙鬃两侧，并饰有连珠纹
条带，龙身上均匀吊坠有7件饰件。

**鸳鸯纹金花银碗**

唐代

高 6.9、口径 22.8、底径 10.6 厘米

内蒙古自治区乌兰察布市丰镇市永善庄出土

四瓣花口，折沿，斜弧腹，圈足。外壁素面。内壁分有三层图案，口沿上饰花瓣纹条带；腹部饰有四组对称的相同团花纹；底部外缘一周施羽状环带纹，内以鱼籽纹衬底，并錾刻有一对鸳鸯嬉戏于花丛中，錾花处均作鎏金。

**银带銙**

唐代

长 4.9、宽 5.1、厚 0.8 厘米

内蒙古自治区乌兰察布市丰镇市永善庄出土

方形片状，窄边框，下部有一长方形穿带孔；正中浅
浮雕一兽，作行走状，昂首瞠目，口微启，尾部飘逸
上扬。整体底部饰有鱼籽纹和草叶纹。

**龙首柄银钵**

辽代

高 3.3、口径 10.4、柄长 4 厘米

内蒙古自治区乌兰察布市出土

八瓣花口，叠唇，弧腹，平底。
沿下一侧执一龙首衔环曲状柄。

**筐箩形银钵**

辽代

高 5、口径 11.7 厘米

内蒙古自治区乌兰察布市卓资县碌磋坪乡忽洞坝墓葬出土

筐箩形状。直口,深弧腹,圜底。箍口下饰柳条编织纹饰。

**花口银盏**

辽代

高 3、口径 7.2、底径 3.6 厘米

内蒙古自治区乌兰察布市卓资县碌磏坪乡忽洞坝墓葬出土

五瓣花口，斜弧腹，圈足外撇。

**鱼纹银盏托**

辽代

高 4.5、直径 15、底径 8 厘米

内蒙古自治区乌兰察布市卓资县碌碡坪乡忽洞坝墓葬出土

复叠式模压盏托，圈足。三缘叠起，外缘饰有五组编织草
叶花纹样并以鱼籽纹衬底；中缘饰水波鱼纹环带；托底錾
刻两条金鱼嬉戏于水波中。

**鎏金银碗**

*元代*

高 5.8、口径 8.6、底径 4.5 厘米

内蒙古自治区乌兰察布市出土

敞口，侈沿，深曲腹，底部折平，圈足外撇。外沿饰一周回纹条带，中腹
突起三角凸棱，下腹錾刻花瓣纹，圈足饰一周三角草叶纹。

## 管状金饰件

元代

左：长6.5、直径2厘米

右：长6.6、直径1.8厘米；重20克

内蒙古自治区乌兰察布市征集

2件。圆形柱状，四出单眼毯路堵头。器身纹饰分为三段，两端对称饰有四瓣花纹带，中部为阔叶团花，其隔界为双层连珠纹。

陆）玉器

**玉盅**

辽代

高 4.7、口径 7.7、底径 3.8 厘米

内蒙古自治区乌兰察布市商都县前海子村墓葬出土

岫岩玉质，青黄色泛绿。敞口，圆唇，深弧腹，圈
足外撇。素面。

**折枝花卉形玉耳坠**

辽代

长 3.5、宽 2.5、厚 0.9 厘米

内蒙古自治区乌兰察布市察哈尔右翼前旗豪
欠营墓地 M9 出土

呈白色，整体呈牵牛花形，折枝耳坠。玉质
温润。

## 玉柄铜锥

辽代

柄长 8.5、刃长 5.5 厘米

内蒙古自治区乌兰察布市察哈尔右翼前旗豪欠营墓地 M6 出土

锥身为铜质，圭形片状，尖圆首。长方体玉柄，青玉，通体晶莹透亮。

**玉柄铜刀**

辽代

柄长 8.2、刃长 10.5 厘米

内蒙古自治区乌兰察布市察哈尔右翼前旗豪欠营墓地 M6 出土

刀身为铜质，略似细长圭叶形，长刃微弧，尖圆首。长方体玉柄，青玉，
通体晶莹透亮。

柒）木、骨器

**木几**

辽代

高 19.4、长 53.8、宽 30.7 厘米

内蒙古自治区乌兰察布市丰镇市九墩沟墓葬出土

长方形，四腿横档，榫卯结构。桌面边框镶铆板。

**骨针、骨针筒**

新石器时代·仰韶文化

针筒长 8.1、口径 1.2 厘米；针长 5.8 厘米

内蒙古自治区乌兰察布市商都县风旋卜子遗址出土

骨针 3 件。针身光滑细长，针尾钻有一线孔，圆滑细小；
针筒为动物肢骨制成，略弯曲。

**卜骨**

新石器时代·龙山文化

左：残长 11.3、宽 5.2 厘米

右：残长 12.5、宽 9.2 厘米

内蒙古自治区乌兰察布市凉城县老虎山遗址出土

2 件。动物肩胛骨，大部残缺损。骨面上留有钻孔，为古人占卜之用。

## 管状器

东汉

长 9、宽 1.2 厘米

内蒙古自治区乌兰察布市察哈尔右翼后旗三道湾墓地出土

四边形柱状空心，上下粗细不一。上下两端刻有凹弦纹，
上部施横向穿孔，四面弦纹之间各排列有四个同心圆纹饰。

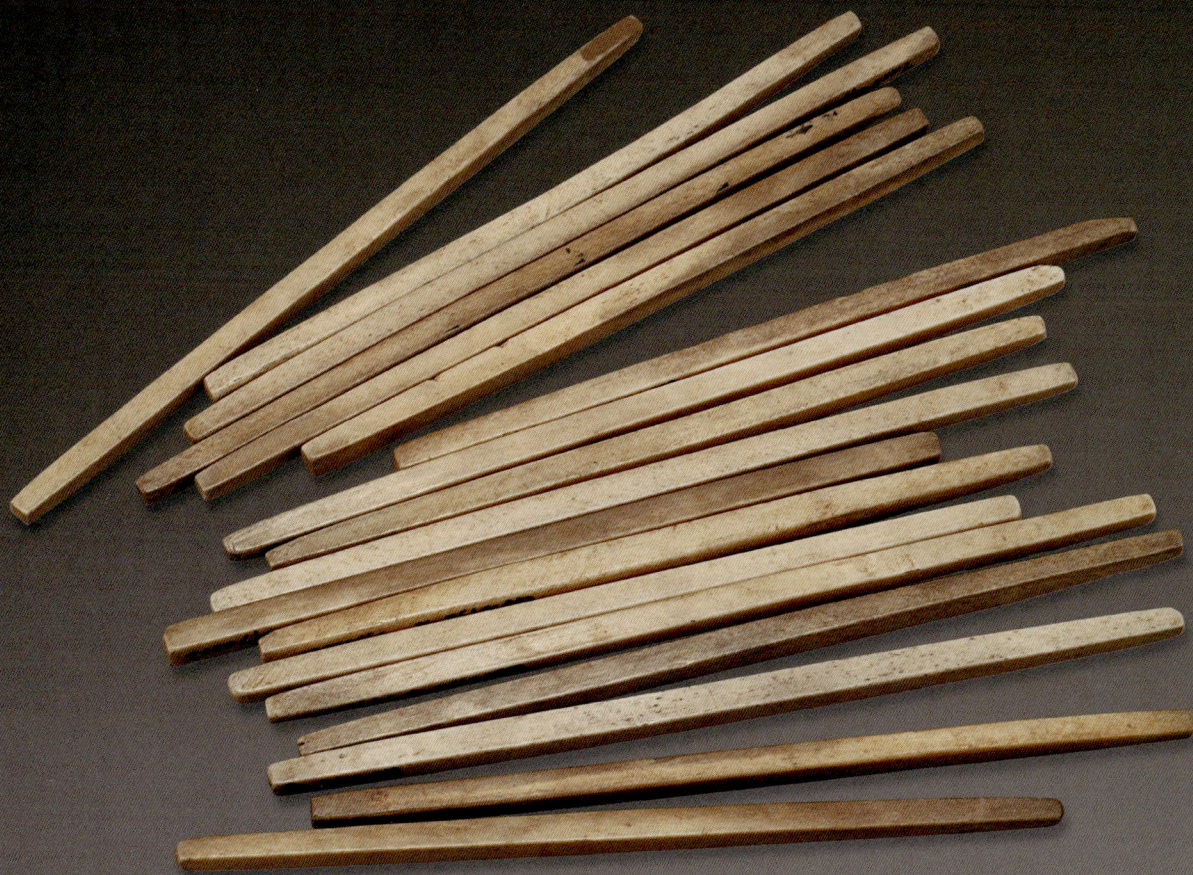

**算筹**

辽代

最长 12.5、最短 10.8 厘米

内蒙古自治区乌兰察布市卓资县碌磟坪乡忽洞坝墓葬出土

一组 18 件。筷子状,计算、记账用筹。

捌 杂项

**螺壳项饰**

新石器时代·仰韶文化

串长 7.9 厘米

内蒙古自治区乌兰察布市察哈尔右翼前旗庙子沟遗址出土

项饰由 28 件大小不等的椭圆体螺壳组成，每件螺壳均在尾端边缘钻有一孔。

**螺壳串饰**

新石器时代·仰韶文化

均长 3.3 厘米

内蒙古自治区乌兰察布市察哈尔右翼前旗庙子沟遗址出土

串饰由 22 件长短不一的细长圆锥体螺壳组成，每件螺壳均在尾端边缘钻有一孔。

## 玛瑙串饰

东周

串长 43 厘米

内蒙古自治区乌兰察布市出土

玛瑙质。串饰由形态不同、长短不一的饰珠、饰管穿成。

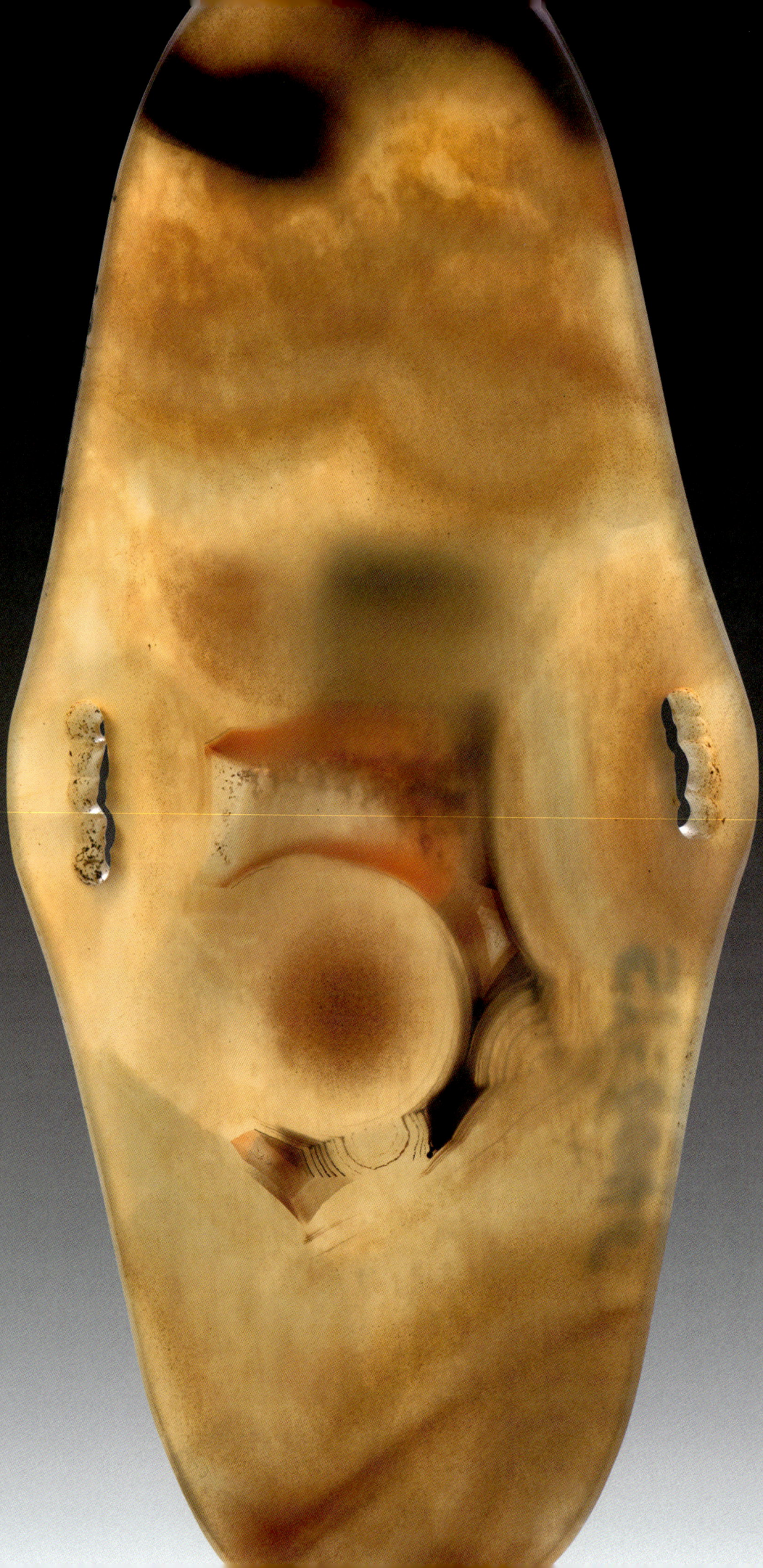

**臂韝**

辽代

长 8.2、宽 4.3 厘米

内蒙古自治区乌兰察布市征集

玛瑙质。盾形片状，正面微弧，两侧有长条形穿孔。

## 察哈尔妇女头饰

清代

额箍长 58.3、额穗子长 52.3 厘米

内蒙古自治区乌兰察布市征集

额箍（塔图尔）由 9 个银镶珊瑚古来组成，并连接固定在黑色布上。额穗子（温吉勒格）一对，各由 5 块相连的银镶嵌珊瑚及由银、珊瑚、松石穿连的串饰组合而成。脑后垂帘由希勒波其和阿日陶如组成，希勒波其呈半月形，阿日陶如为蒙古包哈那形状，以银、珊瑚、松石、玛瑙穿连。腮饰一对，各饰串饰 6 条，每条由银、珊瑚、松石、玛瑙穿连而成。垂饰坠子，银质，上有五朵银花，下接银元宝。

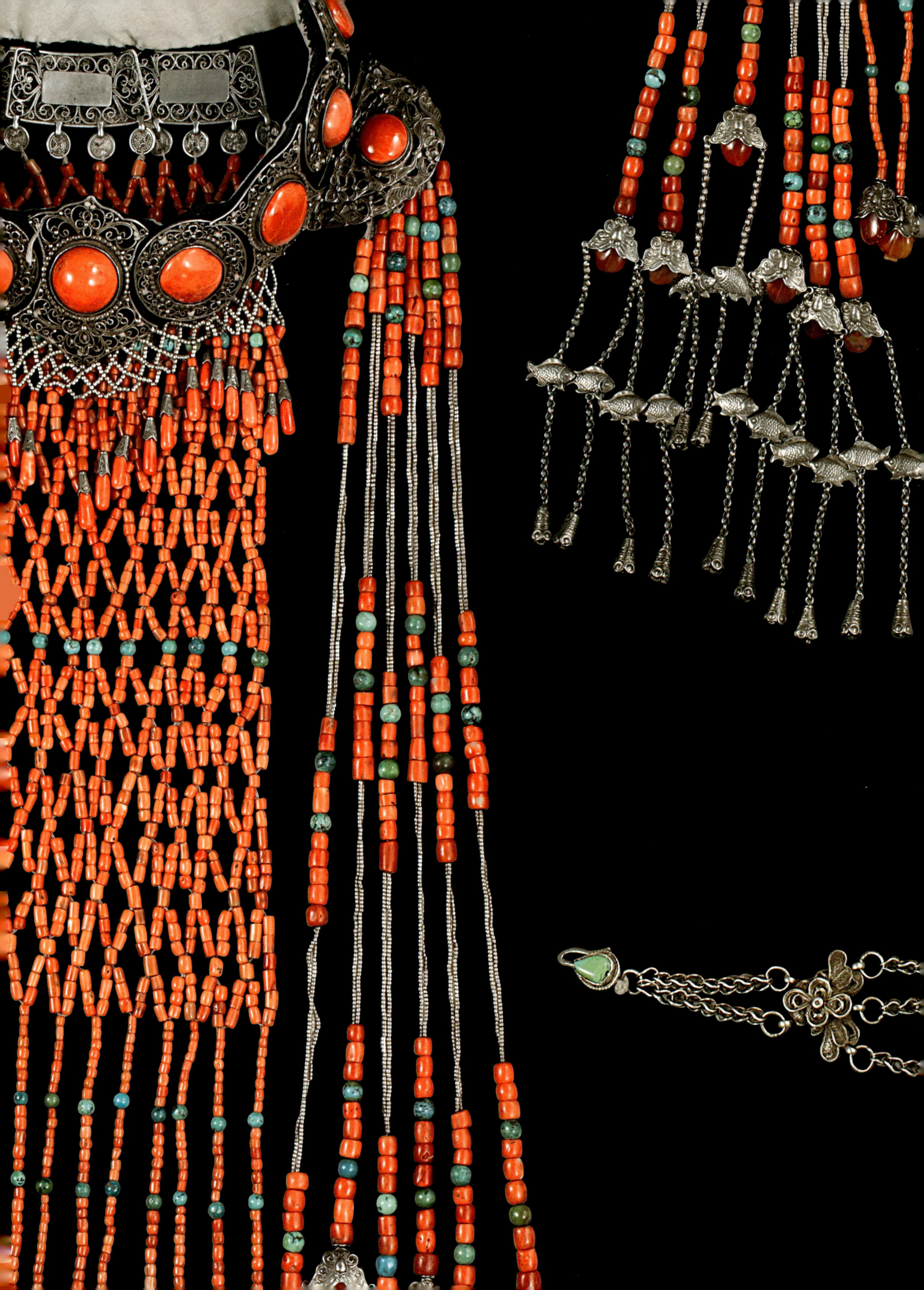

## 察哈尔妇女头饰

清代

额箍（塔图尔）长25、鬓侧饰长63厘米

内蒙古自治区乌兰察布市征集

额箍（塔图尔）由9个银镶珊瑚古来组成，并连接固定在黑色布上。额穗子（温吉勒格）一对，银镶嵌珊瑚及银、珊瑚珠穿连而成。腮饰一对，各饰串饰10条，每条由银珠穿连，下接银、珊瑚坠子。坠子由银饰件、珊瑚串饰、银串穿连而成。

## 察哈尔男子腰间挂件

清代
通长 79、刀身长 51、刀鞘长 33.6、火镰长 25.5 厘米
内蒙古自治区乌兰察布市征集

包括火镰、刀鞘、刀身、刀挂、筷子。火镰由银镶珊瑚的圆形挂扣、银丝编织的绳链和亚腰形火包组成。红木刀鞘，上下包银镶边，饰有珊瑚，中间两道银箍，刀把尾端用银饰包边。刀挂由牛皮带扣镶银带饰、银丝编织绳链、银镶绿松石挂饰组成。驼骨筷子，上端包银饰。

## 乌兰察布盟喀尔喀扎萨克多罗达尔罕贝勒使者乘驿牌

*清代*

通高 13.5、宽 6.7、厚 0.35 厘米；重 121.5 克

内蒙古自治区乌兰察布市征集

铜质。圭形片状，花瓣状牌额。宽缘，牌面阳刻蒙文，汉文译为"乌兰
察布盟喀尔喀扎萨克多罗达尔罕贝勒使者乘驿牌"。背板为素面，上端
有一个"⌐"形铜质接扣被铆钉固定在铜板之上，与皮带扣连接，皮带
部分已经缺损。

**乌兰察布盟盟长喀尔喀扎萨克多罗达尔罕公差使者乘驿牌**

*清代*

通高 19.5 厘米，牌高 16.1、宽 9.5、厚 0.3 厘米；重 312.5 克

内蒙古自治区乌兰察布市征集

铜质。圭形片状，花瓣状牌额，内刻有荷花。宽缘，牌面阳刻蒙文，汉文译为"乌兰察布盟盟长喀尔喀扎萨克多罗达尔罕公差使者乘驿牌"。背板上端焊接有两个平行的"⌐"形接扣，与皮带相连接，素面。

## 乌兰察布盟盟长贝子使者全境乘驿牌

清代

通高24.6厘米，牌高17、宽10、厚0.36厘米；
重222.3克

内蒙古自治区乌兰察布市征集

银质，缘框包铜。圭形片状，花瓣状牌额，内刻有单龙戏珠纹样。宽缘，缘框内錾刻回纹装饰条带，牌面阳刻蒙文，汉文译为"乌兰察布盟盟长贝子使者全境乘驿牌"。背部上端有两个"冖"形铜制连接扣被铆钉固定于铜板之上，与皮带扣相连接，素面。

### 乌兰察布盟盟长贝子使者全境乘驿牌

清代

通高 23.8 厘米，牌高 17、宽 10、厚 0.35 厘米；
重 219.4 克

银质，缘框包铜。圭形片状，花瓣状牌额，
内刻有单龙戏珠纹样。宽缘，缘框内錾刻回
纹装饰条带，牌面阳刻蒙文，汉文译为"乌
兰察布盟盟长贝子使者全境乘驿牌"。背部
上端有两个"⌐"形铜制连接扣被铆钉固
定于铜板之上，与皮带扣相连接，素面。

## 乌兰察布盟副盟长贝子使者乘驿牌

*清代*

通高 16.3 厘米，牌高 11.5、宽 6.7、
厚 0.35 厘米；重 73.3 克

内蒙古自治区乌兰察布市征集

铜质，拱形片状，圆形牌额。窄缘，
牌面阳刻蒙文，汉文译为"乌兰察
布盟副盟长贝子使者乘驿牌"。背
部上端有两个"⌐"形铜制连接扣
被铆钉固定于铜板之上，与皮带扣
相连接，素面。

# 后记

　　《乌兰察布市博物馆馆藏文物精品集萃》一书从最初的筹备、策划到成稿、出版历经了三年多的时间。在这三年多的时间里，编写人员在文物筛选、照片拍摄、文字描述等各个环节，以严谨的工作态度、扎实的工作作风，几易其稿，终于付梓成书。本书的面世，是对前行中的乌兰察布市文博事业的鼓舞和鞭策，亦是乌兰察布市博物馆作为内蒙古自治区社会科学普及基地，充分开发和利用本馆藏品，向大众普及中国传统文化的一项重要举措。

　　全书以文物图版为主，配以简短的文字说明，以"图"的形式展示出乌兰察布市源远流长的历史与博大精深的文化内涵，大致勾勒出了该区域的历史发展脉络，是一部客观反映乌兰察布历史文化，集专业性、资料性和普及性于一体的书籍。由于篇幅所限及各种主客观条件限制，部分精品文物本次未能收入，在此深表遗憾。

　　书中收录了乌兰察布市博物馆最能代表地域文化特色的文物精品共194件（套），全书主要依照文物质地分为石器，陶器，青铜器，瓷器，金银器，玉器，木、骨器，杂项等八个类别，每类别内按照文物本身年代在时间上的早晚顺序，并从名称、年代、尺寸、出土地或征集地、文字描述各个方面逐一介绍。在文物年代认定方面，依据最新的研究成果确定相对的时代。选录的可移动精品文物，部分文物的出土地（或征集地）由于行政区划变更，现已不属于乌兰察布市的行政区域，但文物藏于乌兰察布市博物馆，为了全面反映乌兰察布市文物资源的丰富及本市历年来的文物考古工作成果，因此一并收录。

　　参加撰写的人员有李彪、胡晓农、邢黄河、张涛、李恩瑞、崔利明、江岩、赵杰、李树国、包龙梅、郝晓菲、李鹏珍、杨虎霞、哈达、曹永利等。李鹏珍在本书的资料收集与整理、体例调整等方面做了很多具体工作。胡晓农做了通稿工作，并做了最后的修改和定稿。

　　在此，首先感谢乌兰察布市文化新闻出版广电局、内蒙古博物院领导与同行的亲切关怀以及大力支持，感谢文物出版社相关人士对本书出版付出的辛勤努力，感谢社会各界朋友对该书出版的关心！

　　由于编者水平与能力有限，不足与偏颇之处在所难免，敬请各位专家、读者批评指正。

编者

2018 年 5 月